글 ◆ 전윤경

어릴 때부터 책을 무척 좋아했습니다. 어른이 되어서 그 마음 그대로 출판사에 들어가 그림책, 어린이백과, 학습 만화, 시집 등 다양한 책을 기획하고 편집했습니다. 지금은 직접 글을 쓰며 더 좋은 어린이 책을 만들기 위해 노력하고 있습니다. 그동안 쓴 책으로는 《런닝맨 급수한자 시리즈》《Why? 기생충》《Why? 카메라》《Why? 화장과 화장품》《Why? 미세먼지》《알면 뽐낼 수 있는 과학 100》등이 있습니다.

그림 ◆ 나인완

귀여운 꿀꿀돼지 '호로로'를 그리는 일러스트레이터입니다. 다양한 애니메이션과 만화, 일러스트, 이모티콘 작업을 하면서 종종 크고 작은 전시회도 열고, 귀여운 굿즈도 꾸준히 만들고 있습니다. 쓰거나 그린 책으로는 《꿀꿀돼지 호로로》《마구로센세의 일본어 메뉴판 마스터》《한 컷 초등 사회 사전》《찾았다! 호로로의 숨은그림찾기 세계 여행》《옥효진 선생님의 경제 개념 사전》《대충 봐도 머리에 남는 어린이 야구 상식》 등이 있습니다.

2025년 4월 15일 1판 1쇄 발행

글 전윤경 | **그림** 나인완
펴낸이 나성훈 | **펴낸곳** (주)예림당 | **등록** 제2013-000041호
주소 서울시 성동구 아차산로 153 | **구매문의 전화** 561-9007 | **팩스** 562-9007
내용문의 smartbear@yearim.co.kr | **홈페이지** www.yearim.kr
편집장 이지안 | **편집** 박효정 | **디자인** 이현주 | **사진** 이건무
ISBN 978-89-302-6497-6 73400

PHOTO CREDIT
38p ⓒ네이트판_쓰니 / 56p ⓒLucky / 62p ⓒSalim Fadhley / 104p ⓒ영국 해크니 자치구의회 트위터 / 110p ⓒ서울교통공사 / 그 외 123RF, 예림당

ⓒ2025 예림당
이 책은 저작권법에 따라 보호받는 저작물이므로 무단 전재와 무단 복제를 금합니다.
이 책의 표지 이미지나 내용 일부를 사용하려면 반드시 (주)예림당의 서면 동의를 받아야 합니다.

⚠ 주의: 책을 던지거나 떨어뜨리면 다칠 우려가 있으니 주의하십시오.

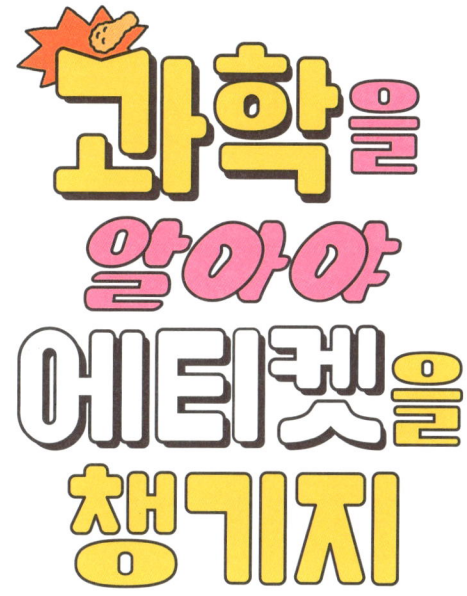

과학을 알아야 에티켓을 챙기지

글 전윤경 × 그림 나인완

예림당

◇ 차례 ◇

❶ 아파트 물건 투척 … 008

❷ 콜록콜록 기침 … 014

❸ 길거리에 널린 개똥 … 020

❹ 땀범벅 운동 기구 … 026

❺ 공공장소 소음 … 032

❻ 층간소음 … 038

❼ 위험한 식중독 … 044

❽ 버스 안전사고 … 050

❾ 맨발 노출 … 056

❿ 길바닥 껌딱지 … 062

⓫ 양치질 에티켓 … 068

⑫ 악성 댓글 … 074

⑬ 생활 하수 … 080

⑭ 음식점 안전사고 … 086

⑮ 엘리베이터 에티켓 … 092

⑯ 등산 소음 … 098

⑰ 노상 방뇨 … 104

⑱ 지하철 음식물 섭취 … 110

⑲ 자전거 안전운전 … 116

⑳ 재활용 분리배출 … 122

문해력 더하기 정답 … 128

에티켓, 왜 알고 지켜야 할까요?

　길바닥에 그냥 껌을 뱉는 사람을 본 적 있나요? 지하철에서 입을 가리지 않은 채 기침하는 사람은요? 혹시 여러분은 큰 소리로 떠들다가 다른 사람들의 불편한 시선을 느낀 적 없나요? 이 모든 불편한 순간은 단순한 에티켓만의 문제가 아니에요. 그 속에 숨어 있는 과학 원리를 우리가 간과하기 때문이에요.

　우리는 살면서 수많은 규칙과 에티켓을 배우고, 지키려고 노력해요. 하지만 '그냥 그래야 한다고 하니까', '다른 사람의 눈총을 받고 싶지 않으니까' 지키는 것은 오래가지 않아요. 왜 지켜야 하는지, 왜 남에게 피해를 주는지 과학적으로 이해해야 지킬 수 있어요. 길바닥에 껌을 뱉으면 안 되는 건 껌이 미세 플라스틱이 되어 환경을 오염시키기 때문이고, 지하철에서 입을 가리고 기침해야 하는 건 다른 사람에게 바이러스를 옮길 수 있기 때문이에요.

　이 책은 단지 예의 바른 사람이 되라는 말을 하려는 게 아니에요. 우리 일상 속 에티켓과 과학의 연결 고리를 풀어, 더 똑똑하게 상대방을 배려하는 방법을 알려 주고 있어요. 알고 보면 에티켓은 여럿이 함께 살아가는 사회에서 작동하는 보이지 않는 생존 기술이거든요.

　뉴스 기사를 통해 실종된 에티켓을 체크하고, 그 안에 숨겨진 과학 원리를 알아보고, 어떤 에티켓을 왜 지켜야 하는지 차근차근 살펴보세요. 거기다 퀴즈를 풀며 문해력을 키우고 시사 상식까지 습득하면, 어느새 에티켓을 잘 지키는 친절하고 똑똑한 어린이가 되어 있는 나를 발견할 거예요.

　자, 이제 책장을 넘겨 과학과 에티켓을 탐험하러 떠나 볼까요?

전윤경

★ Character ★

또식
결벽증이 있을 정도로 잘 씻지만 에티켓은 많이 부족한 김씨네 맏아들.

또리
사고뭉치 오빠 때문에 잔소리가 부쩍 늘어난 또식의 동생.

한꼼꼼 기자
투철한 기자 정신으로 동에 번쩍, 서에 번쩍 다니며 발로 뛰는 고양이 기자.

댕댕맨
궁금증을 해결해 보려고 몸소 실험을 진행하는 과학 전문 기자.

1. 아파트 물건 투척

아파트에서 떨어진 치킨에 길 가던 행인 다쳐

하늘에서 저런 게 떨어질 줄이야!

길을 가던 30대 남성이 별안간 하늘에서 떨어진 치킨 조각에 맞아 눈과 코 주위에 상처가 나는 등 전치 2주의 부상을 입는 사건이 일어났다.

치킨을 투척한 사람은 고층 아파트에 사는 초등학생 A군이었다. A군은 부모님 몰래 집에서 치킨을 시켜 먹다가 들킬 것이 두려워 남은 치킨을 창밖으로 던진 것이다. 높은 곳에서 떨어지는 물건은 아무리 작은 것이라도 흉기가 될 수 있다. 말랑말랑한 홍시가 떨어져 자동차가 찌그러지기도 한다. 지난해 한 초등학생이 옥상에서 장난삼아 아래로 던진 돌에 지나가던 70대 노인이 맞아 사망한 사건도 있었다.

"설마 누가 맞겠어."라는 안일한 생각으로 창밖으로 물건을 던지는 행동은 다른 사람을 위협하고, 자신을 범죄자로 만들 수 있다는 사실을 간과해서는 안 된다.

한자어 알고 가요

전치 병을 완전히 고침
全治
온전할 전 다스릴 치

투척 물건 따위를 던짐
投擲
던질 투 던질 척

심층 취재 아파트 창밖으로 '이것'까지 던진다!

○○아파트 1층에 사는 B씨는 위층에서 화단으로 떨어지는 쓰레기를 치워 왔다. 그런데 얼마 전, 쓰레기 봉투에 물컹한 것이 들어 있어 확인해 보니 똥이었다고 한다. 참다 못한 B씨가 경찰에 신고했지만 범인은 찾지 못했다. B씨는 위층에 살고 있는 이웃들을 의심하고 있는 상황이다.

 대박, 똥까지 던진다고?
 이 정도면 1층 사람이랑 원한 관계인 거 아냐?
 토닥토닥, 1층 분께 심심한 위로를….
 웩, 길 가다 개똥만 밟아도 싫은데, 사람 똥이라니….

가벼운 물건은 떨어져도 괜찮을까?

에너지는 형태가 바뀔 뿐 없어지지 않아

물체를 움직이거나 변화시키는 능력을 **에너지**라고 해요. 에너지는 위치 에너지, 운동 에너지, 전기 에너지, 열 에너지, 빛 에너지 등 다양한 형태로 존재하지요.

에너지는 서로 형태만 바뀔 뿐 없어지지 않아요. 그네가 움직이는 건 위치 에너지와 운동 에너지가 서로 바뀌기 때문이고, 다리미가 뜨거워지는 건 전기 에너지가 열 에너지로 바뀌기 때문이에요. 이를 **에너지 보존 법칙**이라고 해요.

가벼운 물건이라도 높이 있으면 위험해

높이가 있는 물체는 모두 **위치 에너지**를 가져요. 물체의 질량이 클수록, 높이가 높을수록 위치 에너지는 더 크지요.

아파트 고층에서 손에 든 치킨 조각은 높이가 있으니까 위치 에너지를 가지고 있어요. 그런데 그걸 창밖으로 던지면 높이가 낮아지면서 위치 에너지는 점점 작아지고, 그만큼 **운동 에너지**가 커져요. 운동 에너지가 커지므로 치킨이 떨어지는 속력은 점점 빨라지며, 땅에 닿는 순간 위치 에너지가 0이 되면서 운동 에너지는 최대가 돼요. 이렇게 빠른 속력으로 떨어지는 치킨에 맞으면 그 충격은 클 수밖에 없어요.

 실험 결과, 건물 50층 높이에서 떨어지는 물체의 충격은 물체 무게의 60배 정도라고 해요. 치킨 한 조각의 무게를 100g이라고 하면, 6kg짜리 치킨이 떨어지는 것과 같은 거예요.

 ## 방귀와 똥도 에너지가 된다고?

방귀나 똥에는 천연가스의 주성분인 메테인가스가 들어 있어 훌륭한 에너지원이 돼요. 그런데 사람의 방귀는 모으기가 쉽지 않아서 주로 가축의 똥이나 음식물 쓰레기를 모아 에너지를 만들지요. 음식물 쓰레기가 썩을 때도 메테인가스가 나오거든요. 이렇게 생산된 에너지를 '바이오 에너지'라고 해요.

 ## 고층 아파트에서 알아 두어야 할 에티켓

1 어떤 물건이든 절대 건물 아래로 던지지 않아요.

절대 금물!

2 창문 밖에는 화분 같은 물건을 두지 않아요. 바람에 의해 떨어질 수 있어요.

3 잠시라도 창틀에 물건을 올려 두지 않아요.

문해력 더하기

1 기사의 중심 내용을 제대로 이해한 친구는 누구일까요? (   )

① 엄마 몰래 치킨을 먹으면 안 돼.

② 치킨도 무기가 될 수 있어.

③ 높은 곳에서 물건을 던지는 건 위험해.

④ 길을 걸을 때는 위를 잘 살펴야 해.

2 낱말에 알맞은 뜻풀이를 찾아 선으로 연결해 보세요.

① 투척 · · ㉠ 병을 완전히 고침

② 전치 · · ㉡ 몸에 상처를 입음

③ 부상 · · ㉢ 물건 따위를 던짐

④ 충격 · · ㉣ 물체에 세게 가해지는 힘

3 위치 에너지에 대한 설명이에요. 괄호 안에 알맞은 낱말을 써넣으세요.

높이가 있는 물체는 모두 위치 에너지를 가져요. 위치 에너지는 물체의 (   )이 클수록, (   )가 높을수록 더 커져요.

(,   )

2. 콜록콜록 기침

콜록콜록! 공공장소에서 기침 에티켓 안 지켜

"콜록콜록!" 기온이 큰 폭으로 떨어지면서 병원, 식당, 카페, 지하철 등에서 기침과 재채기 소리가 끊이지 않고 있다.
그런데 마스크를 쓰지 않고, 입을 가리지도 않은 채 기침을 해 대는 사람들이 있어 눈살을 찌푸리게 한다. 공공장소에서 기침 에티켓을 지키지 않아 주변 사람들에게 불쾌감을 주는 이들을 '기침 빌런'이라고 하는 데에는 이유가 있다.

독감이나 감기, 코로나19 같은 바이러스성 호흡기 질환은 공기를 통해서 다른 사람에게 전파되어 감염을 일으킨다. 입을 가리지 않고 기침을 하면, 바이러스가 콧물이나 침과 함께 섞여 나와 공기 중에 떠돌아다니면서 다른 사람에게 옮는다.
질병관리청은 마스크 없이 기침할 경우 옷소매 위쪽으로 입과 코를 가리는 기침 에티켓을 지킬 것을 적극 권장하고 있다.

영단어 알고 가요

빌런 악당이나 악역의 역할을 맡은 사람
villain

바이러스 살아 있는 세포에 기생하는 비세포성 생물
virus

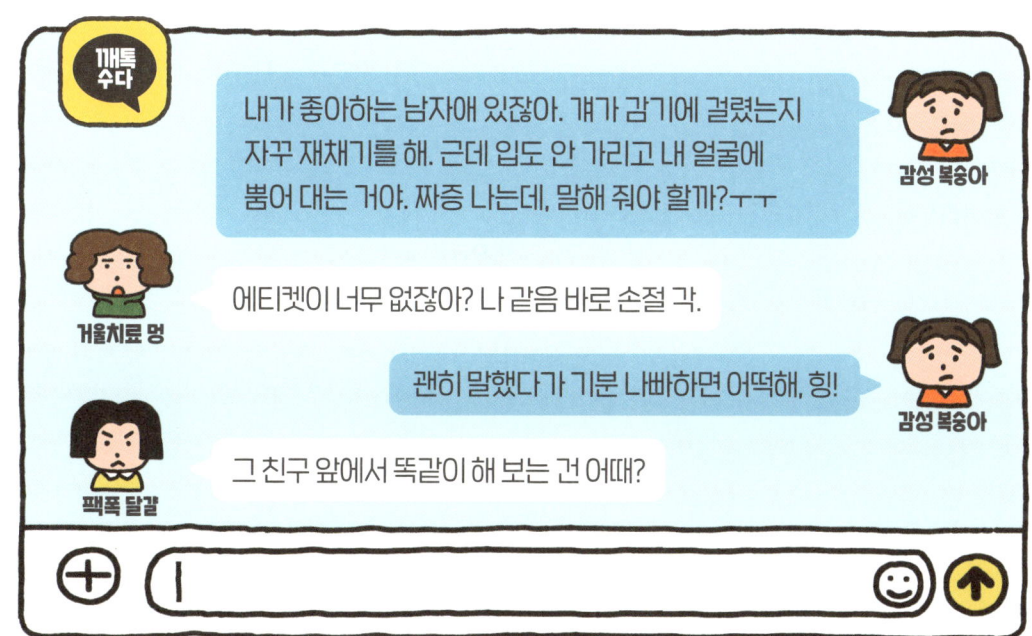

기침하면 나오는 바이러스의 행방은?

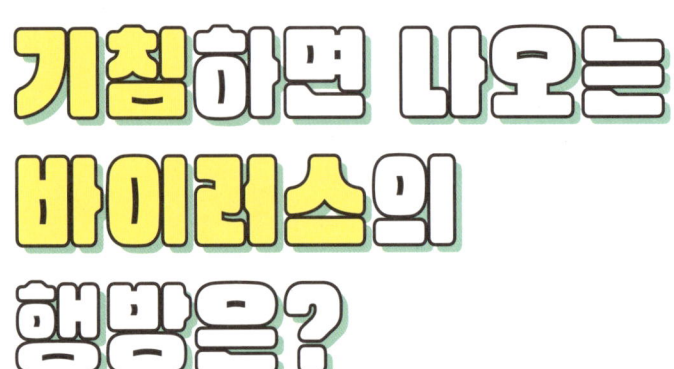

4만 개의 침방울이 시속 160km로 9m까지

감기에 걸린 사람이 입을 가리지 않고 기침을 하면, **바이러스**가 포함된 4천여 개의 침방울이 순간적으로 입과 코 밖으로 뿜어져 나가요. 그 속도가 자그마치 시속 약 80km나 되지요.

재채기를 하는 경우, 속도는 더 빨라지고 뿜어져 나오는 침방울 수도 더 많아져요. 무려 4만여 개의 침방울이 약 160km의 속도로 사정없이 튀어 나가요. 침방울은 약 9m까지 날아가기 때문에 많은 사람들에게 바이러스를 옮길 수 있어요.

바이러스, 최대 일주일까지 살아남아

이렇게 내뿜은 바이러스는 공기 중에서 얼마나 오래 살아남을까요? 몸 밖으로 나온 감기 바이러스의 생존 기간은 보통 24시간 이내예요. 하지만 온도, 습도 등 환경에 따라 몇 분에서 며칠까지 살아남기도 해요. 보통 온도가 낮고 건조할수록 더 오래 살아남아요.

어디에 들러붙었는지에 따라서도 생존 기간이 다른데, 옷이나 사람 피부

　등에 붙으면 1~3일, 철이나 플라스틱 등 물이 스며들지 않는 매끈한 곳에서는 일주일까지 버틴다고 해요.
　감기 걸린 사람이 침 묻은 손으로 버스 손잡이를 잡거나 엘리베이터 버튼을 누르면 어떻게 될까요? 바이러스가 묻어 여러 날 생존해 있다가 많은 사람을 감염시키는 원인이 돼요. 그래서 기침할 때 손바닥으로 가리는 것은 좋은 방법이 아니에요.

 ## 바이러스는 얼마나 작을까?

바이러스의 크기는 0.03~2㎛(마이크로미터) 정도예요. 1㎛는 0.001㎜와 같아요. 이는 세균의 100분의 1에서 1000분의 1 크기예요.

사람 머리카락 한 올의 단면을 기준으로 보면 세균의 크기는 머리카락 단면의 약 10분의 1이에요. 바이러스는 그 세균의 100분의 1 크기이니 얼마나 작은지 가늠이 되나요?

 ## 기침할 때 지켜야 할 에티켓

자유다!

1 공기 중에 바로 기침을 하지 않아요.

2 기침할 때는 손수건이나 휴지, 그마저도 없으면 옷소매로 입을 가려요.

3 기침할 때 절대 손으로 가리면 안 돼요. 손에 묻은 바이러스를 다른 곳으로 옮길 수 있어요.

문해력 더하기

1 다음은 어떤 낱말에 대한 설명일까요? (   )

인플루엔자 바이러스 감염으로 발생하는 급성 호흡기 질환이야. 목이 붓고 열이 나며, 오한이나 근육통, 두통 증상이 오래 지속돼.

❶ 감기　　❷ 독감　　❸ 기침　　❹ 재채기

2 뜻풀이에 맞는 낱말을 보기 에서 찾아 쓰세요.

보기	전파	감염	질환	권장

(1) 권하여 장려함　　　　　　　　　　　　　　　　(　　　　　)

(2) 전하여 널리 퍼뜨림　　　　　　　　　　　　　　(　　　　　)

(3) 미생물이 사람의 몸 안에 들어가 증식함　　　　(　　　　　)

(4) 몸의 온갖 병　　　　　　　　　　　　　　　　　(　　　　　)

3 괄호 안에 들어갈 낱말이 알맞게 짝지어진 것은 무엇일까요? (   )

기침을 하면, 바이러스가 포함된 4천여 개의 (　　　　) 이 시속 약 80km의 속도로 입과 코 밖으로 뿜어져 나간다. (　　　　) 를 하는 경우, 속도는 더 빨라지고 뿜어져 나오는 수도 더 많아진다.

❶ 이물질, 하품　　❷ 침방울, 재채기　　❸ 콧물, 기침　　❹ 가래, 하품

3. 길거리에 널린 개똥

반려 인구는 느는데, 펫티켓은 실종?

반려 인구 1500만 시대를 맞았다. 요즘은 공원이나 길에서 주인과 산책하는 반려견을 흔하게 만날 수 있다.

그런데 반려견의 배설물을 치우지 않거나 목줄을 착용하지 않는 등 펫티켓을 제대로 지키지 않는 견주들이 있어 이웃끼리 갈등을 빚고 있다.

상인 C씨는 "골목을 산책하면서 매번 개똥을 안 치우고 그냥 가는 사람이 있다. 잡히면 가만두지 않겠다."는 경고장을 가게 앞에 붙이기도 했다.

반려동물은 주인에게는 가족이지만 타인에게는 낯설고 두려운 대상일 수 있다. 펫티켓은 이제 단순한 매너가 아니라 반드시 지켜야 할 사회적 규칙이 되었다.

공공장소에 반려동물의 배설물을 방치하거나 목줄을 하지 않은 경우, 동물보호법에 따라 과태료가 부과된다.

펫티켓 반려동물을 키울 때 기본적으로 지켜야 할 예절. '펫(pet)'과 '에티켓(etiquette)'의 합성어이다.

pet + etiquette
petiquette

공개 수배합니다!

지난 토요일, 상가 골목길에 회색털의 큰 개를 데리고 산책한 여성을 공개 수배합니다! 개가 골목에 똥을 왕창 쌌는데 그냥 갔습니다. 이 여성을 찾아 알려 주시는 분께는 10만 원 상당의 식당 이용권을 드리겠습니다!

○○ 전골 주인
010-32**-88**

*당사자가 이 전단지를 봤다면, 빨리 똥 치우세요!

똥은 왜 구린 냄새가 나는 걸까?

똥은 음식물이 소화, 흡수되고 남은 찌꺼기

똥은 사람이나 동물이 먹은 **음식물이 소화, 흡수되고 남은 찌꺼기**예요. 입으로 들어온 음식물은 이에 의해 잘게 부서지고, 식도를 지나 위, 작은창자를 지나면서 여러 소화액의 도움을 받아 죽처럼 흐물흐물해져요. 이 과정에서 몸에 필요한 영양분이 흡수되고, 큰창자에서 수분까지 흡수된 다음 남은 찌꺼기가 뭉쳐져 항문 밖으로 나오는 게 바로 똥이에요.

똥이 대체로 갈색인 건 소화를 돕는 소화액인 **쓸개즙** 때문이에요. 간에서 만들어진 쓸개즙이 작은창자로 보내져 기름진 음식을 소화할 때 도움을 주는데, 이 쓸개즙이 갈색이거든요.

구린 똥 냄새는 미생물 때문

개똥도, 사람 똥도 왜 그렇게 구린 냄새가 나는 걸까요?

똥 냄새의 원인은 음식물이 창자에서 소화될 때 작용하는 **미생물** 때문이에요. 특히 음식물 속의 단백질이 미생물에 의해 분해될 때 인돌, 스카톨, 황화 수소 같은 성분들이 나와요. 이 성분들이 구린내를 만들지요. 그래서 채소를 먹을 때보다 단백질 성분이 많은 고기를 먹을 때 나오는 똥 냄새가 더 지독하답니다. 마찬가지로 개에게 단백질과 지방 함량이 높은 사료나 간식을 많이 먹이면 똥 냄새가 지독해져요.

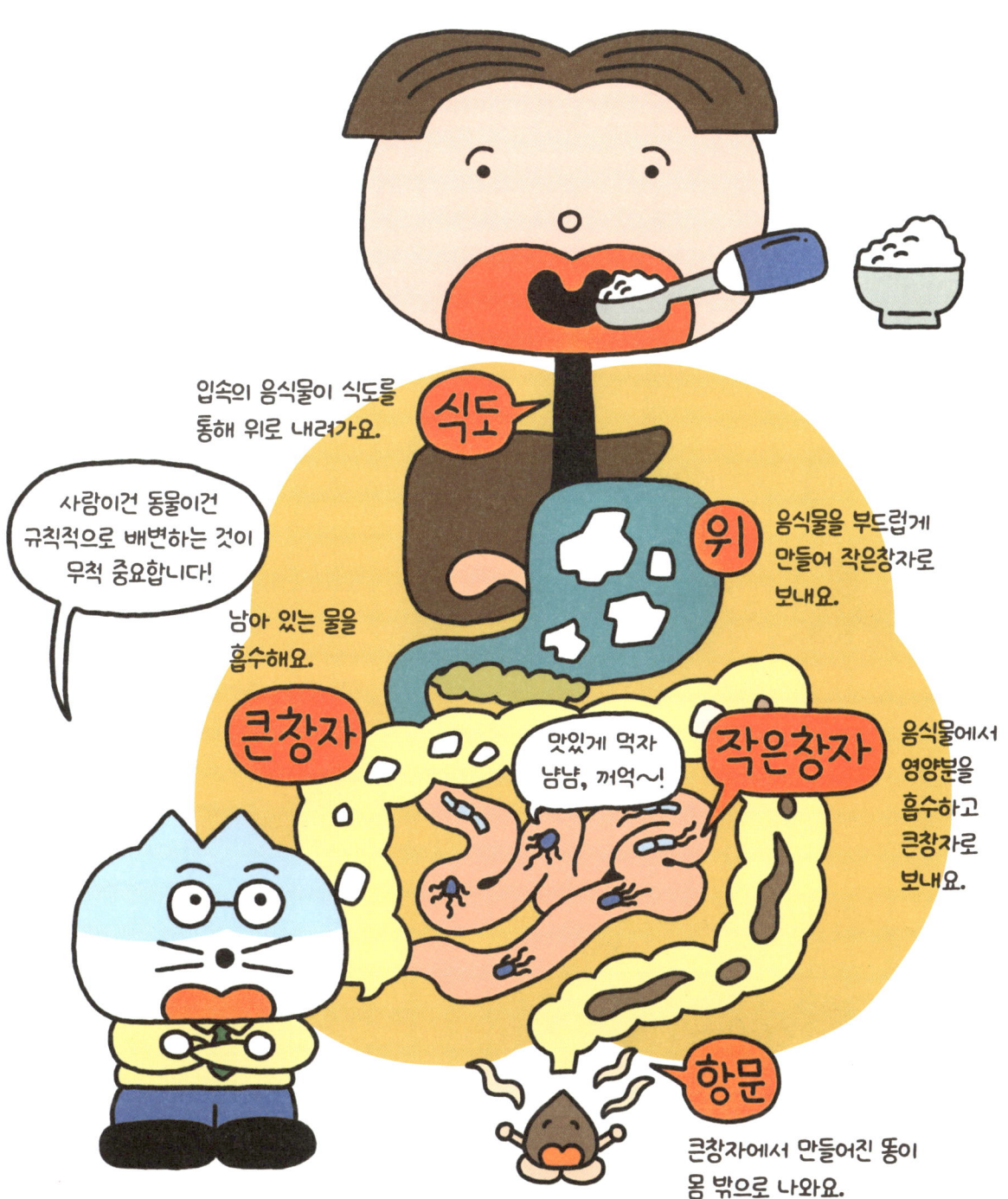

 ## 개똥도 정말 약으로 쓰였을까?

'개똥도 약에 쓰려면 없다.'라는 속담은 흔하던 것도 막상 필요할 때 찾으면 없다는 뜻이에요. 그런데 정말 개똥이 약으로 쓰였을까요?

조선 시대 허준이 집대성한 의학서 《동의보감》에 개똥의 효능에 대한 기록이 일부 남아 있지만 현대 의학에서 검증된 효력은 없어요. 오히려 기생충에 감염될 위험이 있어 위험한 일이에요.

 ## 반려견과 산책할 때 지켜야 할 펫티켓

1 반드시 목줄을 착용해요. 공격성이 있는 맹견의 경우, 입마개를 착용해야 해요.

2 배변 봉투와 휴지를 챙겨서 배설물을 즉시 치우고, 깔끔하게 뒤처리를 해요.

3 사람들이 안전하게 지나가도록 목줄을 짧게 잡고 옆으로 비켜 서요.

문해력 더하기

1 두 사람이 대화를 나누고 있어요. ○○○에 들어갈 낱말은 무엇일까요?

학교 오는 길에 개똥을 밟았어!

에구, 요즘 ○○○을 안 지키는 사람들이 많다더니!

(   )

2 뜻풀이에 맞는 낱말을 보기 에서 찾아 쓰세요.

| 보기 | 배설물 | 경고장 | 반려 | 방치 |

(1) 짝이 되는 동무   (   )

(2) 돌보거나 간섭하지 않고 그대로 둠   (   )

(3) 조심하거나 삼가도록 주의를 주는 내용을 적은 문서   (   )

(4) 몸 밖으로 배설되는 똥, 오줌, 땀 따위의 물질   (   )

3 똥에 관해 잘못 알고 있는 건 누구일까요? (   )

❶
똥이 대체로 갈색인 건 쓸개즙 때문이야.

❷
똥은 몸속에서 영양분이 흡수되고 남은 찌꺼기야.

❸
큰창자에서 물을 흡수하고 남은 찌꺼기로 똥이 만들어져.

❹
고기보다 채소를 먹을 때 똥 냄새가 더 지독해.

4. 땀범벅 운동 기구

건강 위해 찾은 헬스장, 세균, 곰팡이로 범벅

한 라디오 청취자가 헬스장에서 겪은 불쾌한 경험을 사연으로 전했다. 옆 사람이 겨드랑이의 땀을 훔친 손으로 운동 기구를 만지는 걸 목격했다는 것이다. 프로그램 진행자는 자신도 헬스장에서 그런 사람을 봤다며 경악을 금치 못했다.

1년 365일 땀 흘리는 사람들로 북적대는 헬스장은 각종 세균과 곰팡이가 번식하기 좋은 환경이다. 여러 사람이 사용하는 러닝머신, 자전거, 웨이트 기구 등의 손잡이에서 살모넬라균, 황색포도상구균, 폐렴구균 등 다수의 유해균이 검출됐다는 연구 결과도 있다.

운동 기구를 이용하기 전에 미리 항균 소독제로 닦고, 사용한 뒤에는 다음 사람을 위해 묻은 땀을 바로 닦는 것이 좋다. 그리고 운동 중에는 절대로 맨손으로 얼굴을 만지거나 땀을 닦아서는 안 된다.

세균 단세포 미생물. 다른 생물에 기생해 병을 일으키기도 하고, 발효나 부패 등 중요 역할도 한다.

곰팡이 동물이나 식물에 기생하는 하등 균류. 어둡고 습한 곳에서 음식물, 옷, 기구 따위에도 핀다.

땀은 왜 삐질삐질 나는 걸까?

적정 체온 유지하는 땀의 기능

우리 몸의 평균 체온은 36.5도 내외예요. 그런데 격렬한 운동을 하거나 날씨가 더워져 체온이 높아지면 몸에서 땀이 나기 시작해요. 그러면 피부 밖으로 흘러나온 **땀이 증발하면서 주변의 열을 흡수**해 피부의 온도를 떨어뜨리지요. 이처럼 우리 몸에서 땀이 나는 건 체온을 일정하게 유지하기 위해서랍니다.

피부의 땀샘에서 분비돼

땀샘에는 '에크린 땀샘'과 '아포크린 땀샘'이 있어요. 온몸에 분포되어 있는 에크린 땀샘에서 분비된 땀은 땀구멍을 통해 나오고, 아포크린 땀샘에서 분비된 땀은 모공으로 나와요. 아포크린 땀샘은 주로 겨드랑이에 몰려 있답니다.

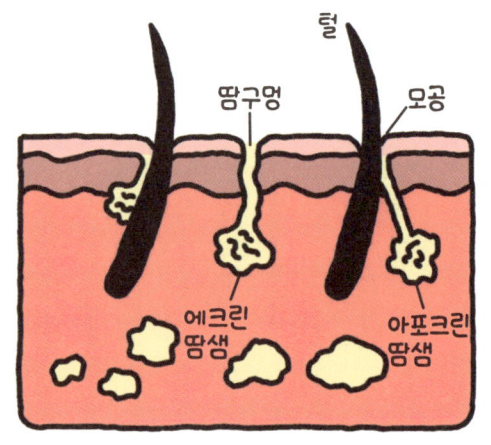

맛본 사람들은 알 수 있는 땀의 맛

땀은 99퍼센트가 물이에요. 여기에 소금(나트륨), 암모니아, 칼륨, 마그네슘 같은 성분이 포함되어 있어요. 소금 외에 나머지는 양이 무척 적기 때문에 땀은 묽은 소금물과 같지요. 땀은 노폐물이기 때문에 일부러 맛을 볼 필요는 없지만 실수로 맛본다면 짭짤한 맛이 나겠죠?

 ## 동물도 땀을 흘릴까?

땀을 내보내는 땀샘은 포유동물만 가지고 있어요. 포유동물이란 말, 소, 돼지처럼 새끼를 낳는 동물이에요. 모든 포유동물이 땀샘이 골고루 발달한 건 아니에요. 움직임이 많은 말은 사람 다음으로 땀을 많이 흘리고, 개와 고양이는 땀샘이 거의 없어서 더우면 혀를 내밀어 헉헉거리는 방식으로 체온을 조절해요. 각자 환경에 맞게 다른 방식으로 체온을 유지하는 거예요.

 ## 운동할 때 지켜야 할 에티켓

1 땀이 흐르면 수건으로 얼굴과 손을 닦아요.

2 운동 기구에 땀이 묻었으면 다음에 이용할 사람을 위해 깨끗이 닦아요.

3 운동 기구를 사용한 뒤에는 손을 깨끗이 씻어요.

1 아래 글의 초성에 해당하는 낱말을 순서대로 써넣으세요.

> 헬스장에서 운동 기구를 이용하기 전에 미리 항균 ㅅㄷㅈ로 닦고, 사용한 뒤에는 다음 사람을 위해 묻은 ㄸ을 바로 닦는 것이 좋다.

(,   )

2 아래 낱말의 풀이에 맞는 카드를 찾아 선으로 연결해 보세요.

3 다음과 같은 특징을 갖는 땀샘의 이름을 써넣으세요.

(   )   (   )

5. 공공장소 소음

스피커폰으로 통화하면 벌금 낼 수 있어

프랑스에서 한 남성이 스피커폰으로 통화를 하다가 200유로(약 30만 원)의 벌금을 물게 됐다.

해당 남성은 프랑스 서부 낭트 역에서 기차를 기다리며 휴대폰의 스피커를 켜고 통화를 하고 있었다. 그때 철도 회사 직원이 스피커폰을 끄지 않으면 150유로의 벌금을 부과하겠다고 경고했다. 그러나 이를 농담으로 여긴 남성은 통화를 계속했고, 벌금이 200유로까지 오른 것이다.

우리나라에서도 공공장소에서 소란을 피우거나 큰 소리로 떠드는 행위를 규제하고 있다. 이를 어길 경우 10만 원 이하의 벌금에 처한다.

기술의 발전으로 언제 어디서나 편리하게 통화가 가능해졌지만, 공공장소에서는 다른 사람의 평화를 방해하지 않는 선에서 에티켓을 갖추는 것이 마땅한 일이다.

한자어 알고 가요

벌금 규약을 위반했을 때 내는 돈
罰 金
벌줄 벌 　쇠 금

방해 남의 일을 간섭하고 막아 해를 끼침
妨 害
방해할 방 　해로울 해

NEWS

심층 취재 **등산길이 새벽부터 시끄러운 이유**

○○산 입구에 사는 D씨는 주말 새벽마다 잠을 설친다. 새벽부터 산에 오르는 사람들이 삼삼오오 모여 웃고 떠들거나, 스피커로 라디오를 크게 틀고 다니는 등 주변 거주민들에게 피해를 주기 때문이다. 조용해야 할 등산길을 소음으로 가득 채우는 몰지각한 행위는 그만 멈춰야 하지 않을까?

 산에서는 새소리, 바람 소리만 듣고 싶다고요.
  ↳ 노랫소리는 듣고 싶지 않죠.
 이어폰 하나 장만하세요.
 등산을 가는 건지, 소음 만들러 가는 건지…?

우리 귀는 어떻게 소리를 들을까?

귓바퀴에서 뇌까지, 소리 전달은 복잡해

소리는 물체가 **진동**할 때 생겨요. 물체가 떨리면 주변 공기가 파동을 만들어 **귓바퀴**로 모여들지요. 그리고 **외이도**를 지나 **고막**에 닿아요. 고막은 소리를 증폭시키고, **달팽이관**에서 청각 세포가 전기 신호로 바꿔 뇌로 전달해요. 이로써 우리는 소리의 높낮이, 크기, 방향을 인식하게 된답니다.

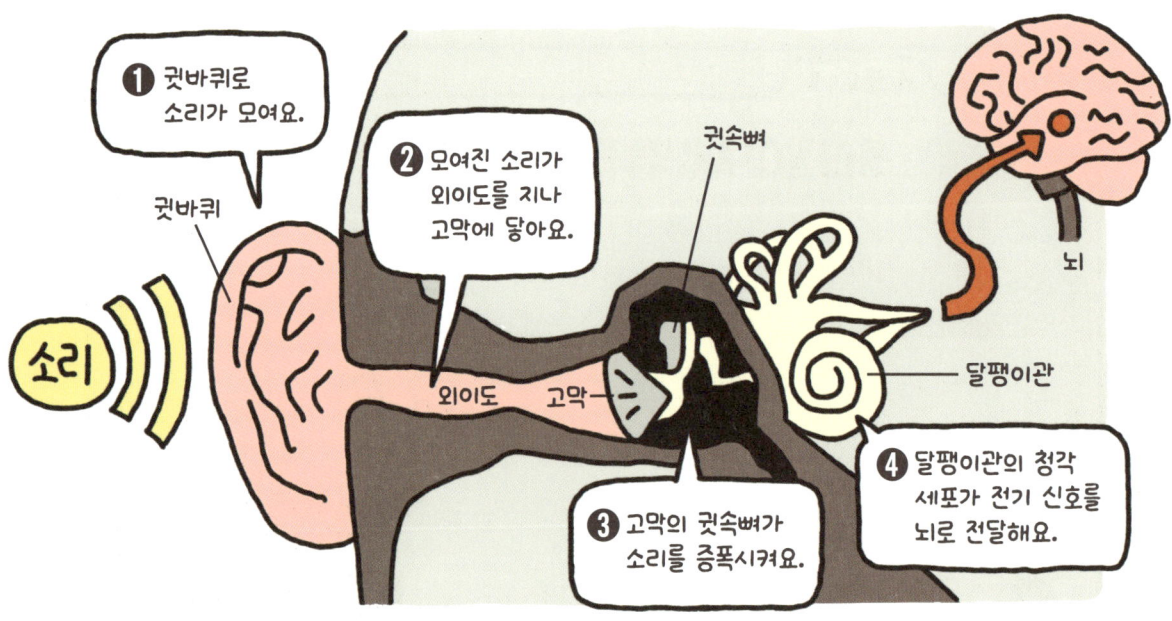

80데시벨 이상은 소음

소리의 크기는 **데시벨**(dB)이라는 단위로 나타내요. 정상적인 귀로 들을 수 있는 가장 작은 소리의 크기를 0데시벨로 정하고, 이를 기준으로 10배씩 커질 때마다 10데시벨씩 커져요. 즉 10데시벨과 20데시벨의 차이는 소리가 2배 큰 게 아니라 10배 큰 거예요.

일반적인 생활 소음은 약 40데시벨, 마주 보고 이야기하는 소리는 약 60데시벨이에요. 우리가 소음이라고 느끼는 건 80데시벨 정도인데, 80데시벨 이상의 소음을 장시간 듣게 되면 청각에 이상이 올 수도 있어요.

비행기 130데시벨

트럭 80데시벨

숲속 20데시벨

 ### 잠을 잘 때도 소리를 들을까?

자고 있을 때도 뇌는 일을 하기 때문에 계속하여 소리를 감지해요. 하지만 깨어 있을 때와 가장 큰 차이는 반응을 조절한다는 거예요.

반복적이거나 작은 배경 소리에는 반응하지 않지만, 갑작스런 큰 소리나 자기 이름을 부르는 소리처럼 중요한 자극에는 깊은 잠을 자면서도 반응할 수 있어요.

 ### 공공장소에서 지켜야 할 소음 에티켓

1. 통화가 필요한 경우, 작은 목소리로 간단히 해요.

2. 휴대폰으로 동영상을 보거나 음악을 들을 때는 이어폰을 이용해요.

3. 공공장소에서 대화할 때는 다른 사람들이 신경 쓰이지 않게 작은 목소리로 해요.

1️⃣ 기사의 중심 내용을 제대로 이해한 친구는 누구일까요? (   )

① 공공장소에서 떠들면 다른 사람들이 스트레스받아.
② 기차역이 아닌 곳은 스피커폰으로 통화해도 괜찮아.
③ 기차역은 여러 사람이 오가기 때문에 무척 시끄러운 곳이야.
④ 통화를 하려면 경찰이 있나 없나를 잘 살펴야 해.

2️⃣ 우리가 소리를 듣는 과정을 순서에 맞게 번호를 써넣으세요.

❶ 공기의 떨림이 귓바퀴로 모여들어요.
❷ 고막의 귓속뼈가 소리를 증폭시켜요.
❸ 달팽이관의 청각 세포가 전기 신호를 뇌로 전달해요.
❹ 소리가 외이도를 지나 고막에 닿아요.

(   ) ➡ (   ) ➡ (   ) ➡ (   )

3️⃣ 괄호 안에 공통으로 들어갈 낱말은 무엇일까요?

• 우리가 듣는 소리의 크기는 (   )로 나타낼 수 있다.
• 일반적인 생활 소음은 약 40 (   )이다.

(   )

6. 층간 소음

층간 소음 걱정되어 찾아갔는데, 이런 반전이?

한 온라인 커뮤니티에 층간 소음과 관련한 훈훈한 이야기가 소개되어 화제다.

어린 자녀를 둔 E씨는 층간 소음으로 피해를 줄까 미안한 마음에 종종 간식거리를 아랫집 문고리에 걸어 두곤 했다. 아랫집에 아기가 태어난 걸 안 뒤에는 "조금이라도 시끄러우면 언제든 연락 주세요. 더 조심하겠습니다."라고 적은 쪽지를 아랫집 현관문에 붙여 두었다. 놀라운 건 쪽지를 남긴 사람이 E씨뿐만이 아니었다. 옆집에서도 새 생명의 탄생을 축하하는 메시지와 함께 출산 선물을 걸어 두었던 것.

이 글을 읽은 누리꾼들은 "서로 배려하고 노력하는 모습이 너무 예쁘다.", "정말 훈훈한 아파트다."라는 댓글을 달았다.

공동 주택의 층간 소음 갈등이 심각해지는 요즘, 소음을 줄이려 서로 노력하고 배려하는 모습을 주목해 볼 만하다.

용어 알고 가요

층간 소음 공동 주택에서 위, 아래층 등 인접한 세대 간에 발생하는 소음

공동 주택 하나의 건축물에 여러 세대가 거주하는 주택. 아파트, 연립 주택, 다세대 주택 등이 해당한다.

Q. 층간 소음, 기준이 있나요?

아랫집에서 자꾸 걷는 소리가 크다고 항의해요. 너무 예민한 것 같은데, 대체 소리가 어느 정도일 때 층간 소음이라고 하는 건가요?

A. 35데시벨 정도면 층간 소음이 맞습니다.

층간 소음은 1분 동안 평균 소음을 측정해서 판단합니다. 낮에는 39데시벨, 밤에는 34데시벨이 넘으면 소음으로 간주됩니다. 발망치 소리는 보통 40데시벨 정도이니 1분 넘게 쿵쿵거리면 층간 소음이라고 할 수 있습니다. 거실에서 바닥이 두꺼운 슬리퍼를 착용해 보는 건 어떨까요?

소리는 어떻게 전달될까?

소리는 다양한 물질을 통해 전달돼

소리는 공기뿐만 아니라 철, 유리, 나무, 흙, 물 등 다양한 물질을 통해서도 전달돼요.

우리 주변의 물질은 기체, 액체, 고체로 나눌 수 있는데, **소리가 전달되는 속력**을 비교해 보면 **기체 < 액체 < 고체** 순이에요. 1초에 공기(기체)에서는 340m, 물(액체)에서는 1500m, 철(고체)에서는 5000m의 속력으로 전달되거든요.

집은 고체라 소리를 더 빨리 전달해

소리는 공기보다 고체에서 전해지는 속력이 약 15배 빨라요. 그런데 집은 흙, 시멘트, 철 등 대부분 고체로 지어져요. 사방이 모두 고체로 둘러싸인 셈이지요. 그래서 쿵쿵 걷는 소리나 의자 끄는 소리, 공 튕기는 소리 등은 모두 고체인 바닥이나 벽을 통해 사방으로 빠르게 전달돼요.

게다가 아파트는 철 구조물로 벽 전체가 연결되어 있어 바로 윗집에서 나는 소리가 아닌데도 마치 윗집에서 울리는 것처럼 들릴 수 있어요. 실제로 빈집이었는데도 시끄럽다며 항의가 들어오는 사례도 있어요. 그러니 나로 인해 이웃이 불편해하는 일이 없도록 더 조심해야겠죠?

 ### 우주에서도 소리가 들릴까?

소리는 떨림을 전해 줄 수 있는 물질(매질)이 있어야 전달돼요. 그런데 우주는 공기가 없는 완전한 진공 상태예요. 소리를 전달해 줄 물질이 없기 때문에 소리가 들리지 않아요. 다만 우주인들이 생활하는 우주선 내부는 매질이 존재할 수 있으므로 우주인끼리 대화를 나눌 수 있어요.

 ### 공동 주택에서 지켜야 할 에티켓

1 실내에서는 슬리퍼를 신고, 의자 다리에 소음 방지 커버를 씌우거나 패드를 붙여요.

2 어린아이가 있는 집은 소음 방지 매트를 깔아요.

3 이른 아침이나 밤에는 세탁기, 청소기를 사용하지 않아요.

문해력 더하기

1 기사의 내용과 맞은 말을 하는 친구에게 ○, 틀리면 ✕표 하세요.

- E씨는 위층의 소음으로 고통을 받고 있어. ( )
- E씨 아랫집에 아기가 태어났어. ( )
- 요즘 공동 주택의 층간 소음 갈등이 심각해. ( )

2 뜻풀이에 맞는 낱말을 보기 에서 찾아 쓰세요.

| 보기 | 훈훈하다 | 누리꾼 | 배려 | 주목 |

(1) 도와주거나 보살펴 주려고 마음을 씀 ( )

(2) 관심을 가지고 주의 깊게 살핌 ( )

(3) 마음을 부드럽게 녹여 주는 따뜻함이 있다 ( )

(4) 사이버 공간에서 활동하는 사람 ( )

3 괄호 안에 들어갈 낱말이 알맞게 짝지어진 것은 무엇일까요? ( )

- 소리는 공기보다 ( )에서의 속력이 약 15배 빠르다.
- 아파트는 ( ) 구조물로 벽 전체가 연결되어 있어 바로 윗집에서 나는 소리가 아닌데도 마치 윗집에서 울리는 것처럼 들릴 수 있다.

❶ 액체, 물   ❷ 고체, 철   ❸ 액체, 유리   ❹ 고체, 흙

7. 위험한 식중독

냉동 아이스크림, 식중독 예외 없어

안심할 수 없어. 먼저 포장을 살펴보자.

연일 이어지는 폭염으로 시원한 빙과류를 찾는 사람들이 늘어나는 가운데 아이스크림을 먹고 식중독에 걸리는 사례도 꾸준히 발생하고 있어 주의가 필요하다.

빙과류는 소비 기한이 따로 없다. 영하 18도 이하에서 생산되고 냉동 상태로 유통하기 때문이다. 하지만 냉동된 아이스크림이라 하더라도 유통 과정에서 녹았다가 얼기를 반복할 때 리스테리아균이 증식할 수 있다. 리스테리아균은 저온에서도 계속 증식하는 특징이 있다.

아이스크림을 고를 때는 포장에 이상이 있는지 꼭 살펴봐야 한다. 포장을 벗겨 냈을 때 성에가 낀 것도 먹지 않는 것이 좋다. 심한 온도 차에 노출된 제품일 확률이 높다. 전문가들은 제조일로부터 1년 이내에 소비하도록 권장하고 있으므로 꼭 제조일자를 확인한 후 구입해야 한다.

용어 알고 가요

리스테리아균 오염된 육류, 유제품을 통해 감염되는 병원성 세균. 냉장 온도에서도 살아남는다.

성에 외부 공기가 유입돼 온도 차가 발생할 때 공기 속 수분이 하얗게 얼어붙는 현상

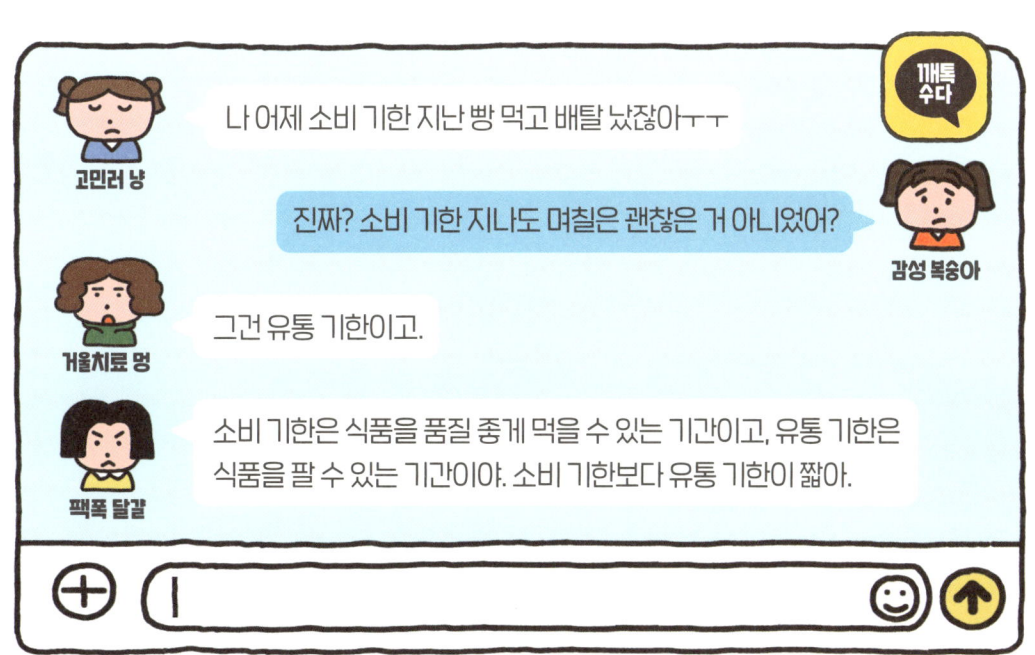

그! 래! 서! 준비해 봤습니다

식중독은 왜 걸리는 걸까?

상한 음식을 먹으면 위험해

식중독은 음식을 먹을 때 우리 몸에 해로운 **미생물**이나 **독성 물질**이 들어와 생기는 병이에요. 주로 상한 음식을 섭취할 때 걸리지요. 배가 무척 아프고, 설사나 구토 증상이 있고, 몸에 열이 오르거나 두드러기가 나기도 해요. 심하면 사망에 이를 수도 있어서 주의해야 해요.

식중독의 원인을 알고 대처해야

식중독의 원인은 **세균**이나 **바이러스** 같은 미생물에 의한 것, 독성에 의한 것으로 나눌 수 있어요. 식중독을 일으키는 미생물을 먼저 살펴볼까요?

식중독을 일으키는 세균	살모넬라균, 황색포도상구균, 장염 비브리오균, 웰치균, 병원성 대장균(O-157), 보툴리누스균, 리스테리아균 등
식중독을 일으키는 바이러스	노로바이러스, 로타바이러스 등

미생물에 의한 식중독은 손을 잘 씻고, 재료를 신선하게 보관하고, 조리할 때 충분히 익혀 먹으면 거의 걸리지 않아요.

독성 물질에 의한 식중독은 복어의 독처럼 생물이 원래 가지고 있는 독 성분을 제거하지 않고 먹었을 때 걸리는 식중독을 말해요. 최근에는 식품에 첨가되는 화학 물질에 의해서도 발생하고 있어요.

식중독은 예방이 가장 중요해요. 특히 음식이 상하기 쉬운 여름철에 상온에 방치된 음식이 있다면 지체 없이 버려야 소중한 내 몸을 지킬 수 있답니다.

 ## 햄버거를 먹으면 햄버거병에 걸린다?

햄버거병의 정식 명칭은 '용혈성요독증후군'이에요. 미국에서 햄버거를 먹은 사람들이 집단으로 감염된 적이 있어서 햄버거병이라 불린 거예요. 햄버거뿐만 아니라 다진 고기를 덜 익히거나 살균되지 않은 우유, 오염된 야채를 먹으면 걸릴 수 있어요. 이 병에 걸리면 신장이 망가져 불순물을 제대로 걸러 내지 못해 몸에 독성이 쌓여요. 심하면 사망에 이르기도 해요.

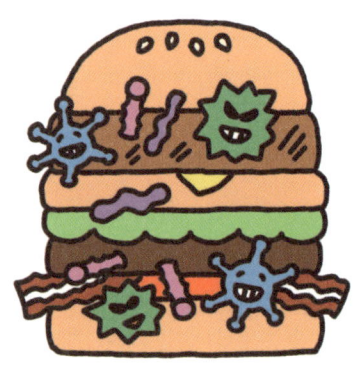

 ## 사계절 식중독을 예방하는 에티켓

1 육류를 조리할 때는 충분히 익혀요.

2 채소와 과일은 흐르는 물에 씻어요.

3 도마와 칼, 식기를 깨끗하게 관리해요.

1 기사의 내용을 잘못 설명한 것은 무엇일까요? (   )

① 성에가 낀 아이스크림에는 세균이 번식할 수 있다.
② 냉동 상태의 아이스크림은 소비 기한이 없어 안전하다.
③ 포장에 이상이 있는 아이스크림은 사 먹으면 안 된다.
④ 아이스크림을 고를 때 제조일자를 확인해야 한다.

2 다음은 식중독에 대한 설명이에요. 초성에 해당하는 낱말을 순서대로 써 넣으세요.

> 식중독은 음식을 먹을 때 우리 몸에 해로운 ㅁㅅㅁ이나 독성 물질이 들어와 생기는 병을 말한다. 설사나 구토 증상이 있고, 몸에 열이 오르거나 ㄸㄹㄱ가 나기도 한다.

(,   )

3 아래 여러 가지 세균과 바이러스의 이름이 있어요. 식중독을 일으키는 세균과 바이러스를 찾아 ○표 하세요.

8. 버스 안전사고

버스에서 넘어진 승객, 누구의 책임인가?

버스 손잡이는 잡으라고 있는 거죠!

운행 중인 시내버스에서 일어난 사고의 책임 소재를 두고 논란이다.
부산의 한 시내버스에서 한 승객이 넘어져 다치는 사고가 있었다. 승객은 "운전기사가 운전을 잘못해서 넘어진 것."이라 주장했고, 운전기사는 "출발과 동시에 승객이 손잡이를 잡지 않고 위험하게 일어났다."며 승객의 부주의를 문제 삼았다.
버스 안에서 일어난 사고는 보통 운전기사의 잘못을 더 크게 본다. 기사에게는 승객의 안전을 책임져야 할 의무가 있기 때문이다. 하지만 버스가 출발했거나 정류장에 멈추기 전에 자리에서 일어나거나 손잡이를 잡지 않는 등 승객의 부주의로 일어난 사고는 승객 역시 일부 책임을 져야 한다. 운전기사에게 안전 운전을 할 의무가 있는 것처럼 승객도 안전 조치를 취할 의무가 있는 것이다.

한자어 알고 가요

승객 차, 비행기 등 탈것을 타는 손님
乘客
탈 **승** 손님 **객**

부주의 조심을 하지 않음
不 注 意
아닐 **부** 물댈 **주** 뜻 **의**

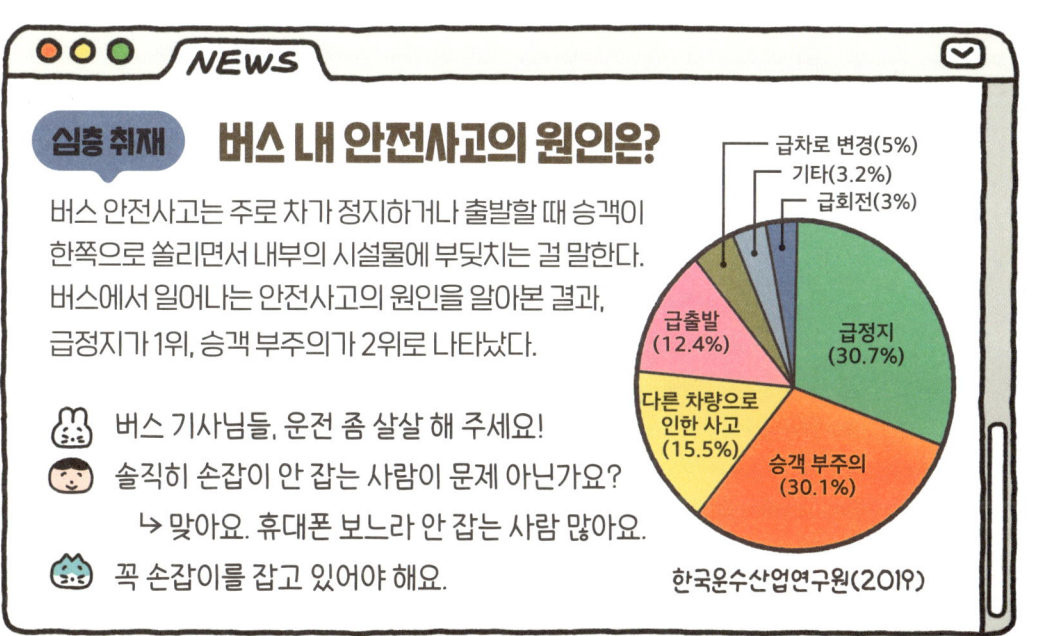

그! 래! 서! 준비해 봤습니다

달리던 버스가 멈추면 왜 넘어질까?

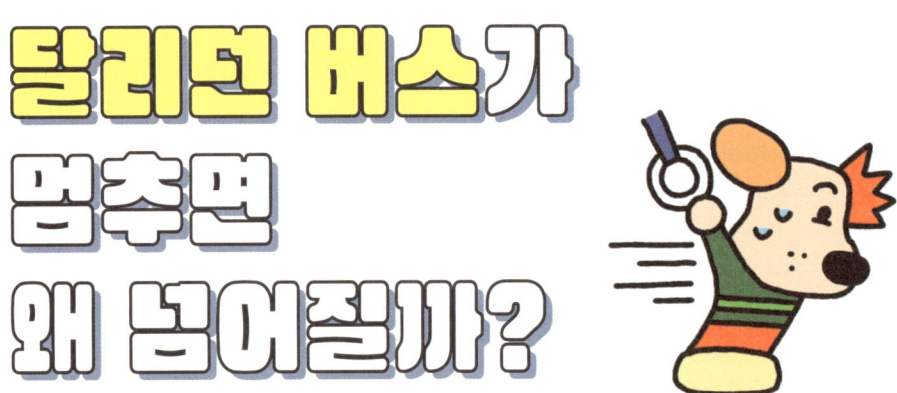

뉴턴이 발견한 관성의 법칙

움직이던 버스가 갑자기 멈출 때 우리 몸이 앞으로 쏠리는 건 물리 법칙 중 하나인 **관성의 법칙** 때문에 일어나는 현상이에요.

관성의 법칙은 '밖에서 힘이 미치지 않는 한 움직이는 물체는 계속 움직이려고 하고, 멈춰 있는 물체는 계속 멈춰 있으려고 한다.'는 법칙이에요. 뉴턴이 발견해 **뉴턴의 운동 제1법칙**이라고도 해요.

바닥과 공 사이에 마찰력만 없으면 한번 구르기 시작한 공은 계속 굴러가요.

멈춰 있는 공은 밖에서 힘을 받지 않으면 계속 멈춰 있어요.

버스에서 몸이 쏠리는 이유

달리던 버스가 멈추면 우리 몸은 관성의 법칙에 의해 움직이던 방향으로 계속 나아가려고 해요. 그래서 몸이 앞으로 확 쏠리지요. 반대로 멈춰 있던 버스가 출발할 때는 몸이 뒤로 밀려요. 우리 몸은 그 자리에 계속 멈춰 있으려고 하기 때문이에요.

 ## 먼지를 터는 것도 관성의 법칙?

베개나 이불의 먼지를 털 때 손으로 팡팡 두드리지요? 이것도 알고 보면 관성의 법칙을 이용한 거예요. 손으로 베개를 두드리면 먼지는 그 자리에 그대로 있으려고 하기 때문에 움직이지 않고, 베개만 뒤로 밀려요. 그러면 먼지가 베개에서 떨어져 나와요. 만약 관성의 법칙이 없다면 먼지를 털지 못하겠죠?

 ## 안전사고 예방을 위한 버스 에티켓

1 버스를 타고 내릴 때는 휴대폰을 보지 않아요.

2 자리가 없으면 손잡이를 잡고, 가급적 자리 이동을 하지 않아요.

3 버스가 서기 전에 일어나지 말고, 완전히 멈춘 뒤에 일어나 내려요.

1. 기사의 내용을 잘못 이해하고 있는 사람은 누구일까요? (　　　)

❶ 운전기사는 안전 운전의 의무가 있어.

❷ 승객에게도 안전 조치를 취할 의무가 있어.

❸ 정지하거나 출발할 때는 특히 조심해야 해.

❹ 버스 안에서 일어난 사고에 승객 책임은 없어.

2. 그림을 잘 보고, 빈칸에 알맞은 번호를 써넣으세요.

(1) 달리던 버스가 멈출 때, 우리 몸은 ☐ 방향으로 쏠린다.

(2) 멈춰 있던 버스가 출발할 때, 우리 몸은 ☐ 방향으로 쏠린다.

3. 다음 글에서 설명하는 '이것'은 무엇일까요?

이것은 두 물체의 접촉면 사이에 물체의 운동을 방해하는 힘이다. 바닥과 공 사이에 이것만 없으면 한번 구르기 시작한 공은 계속 굴러간다.

(　　　　　　)

9. 맨발 노출

비행기에서 일어난 때아닌 **발냄새** 소동

설레는 마음으로 홍콩행 비행기에 탄 F씨는 옆자리에 앉은 승객 때문에 여행 기분을 망쳤다. 옆자리 승객이 앞좌석에 앉은 사람에게 의자를 세워 달라고 요청하더니 테이블에 맨발을 올린 것이다. 주변의 시선에도 아랑곳하지 않고 계속된 승객의 태도에 F씨는 분노했고, 결국 승무원의 도움을 받아 상황을 해결했다.

비행기 안은 기압이 낮고 건조해 혈액 순환이 둔해지기 때문에 다리와 발이 붓고 저리는 등 '이코노미클래스증후군'이 나타날 수 있다. 좁은 기내에서 간편한 옷차림을 하거나 슬리퍼를 신는 것은 괜찮지만 양말을 벗어 맨발을 노출시키는 것은 곤란하다. 특히 발에는 수많은 땀샘이 포진하고 있어 악취가 날 수 있고, 만일의 사고가 나서 대피할 때 신발을 신고 있는 것이 더 안전하기 때문이다.

용어 알고 가요

이코노미 클래스 증후군 — 비행기 이코노미 클래스의 좌석처럼 좁은 곳에서 장시간 움직이지 못할 때 다리의 정맥에 혈전이 쌓여 붓는 증상

Economy Class Syndrome

그! 래! 서! 준비해 봤습니다

발냄새는 왜 더 지독할까?

우리 몸은 세균 집합소

우리 몸을 뒤덮고 있는 피부에는 **땀샘**이 있어요. 그중에서도 손과 발, 겨드랑이 부위에는 땀샘이 집중적으로 분포되어 있지요. 축축하고 바람이 잘 통하지 않는 환경에서는 땀샘 주변으로 세균이 빨리 증식돼요. 제때 땀을 닦거나 말리지 않으면 **세균의 온상**이 되기 쉽습니다.

얼굴, 팔, 다리 등 인체의 부위마다 사는 세균의 종류는 다양해요. 이 세균들 중에는 우리 몸에 좋은 것들도 있고, 해를 끼치는 것들도 있어요.

어른 한 사람의 몸을 구성하는 세포 수는 약 60조 개예요. 그런데 이 세포 수보다 더 많은 세균이 우리 몸에 살고

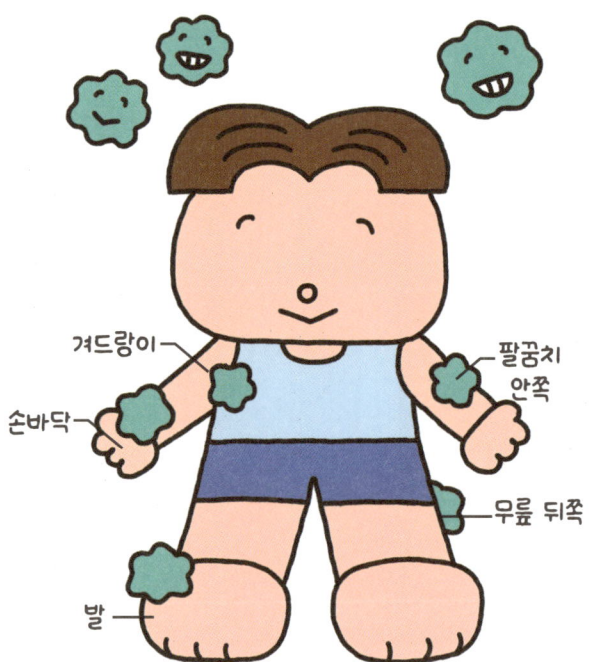

있어요. 놀랍게도 그 수가 무려 100~1000조 개에 달해요. 눈에 보이지도 않는 우리 몸의 세균을 모아 무게를 재면 1kg이나 된답니다.

발은 세균이 번식하기 좋은 환경

발은 하루의 대부분을 양말과 신발 속에 갇혀 있기 때문에 땀이 차 축축하고, 바람이 잘 통하지 않아서 세균이 번식하기 딱 좋은 환경이에요. 심한 발냄새의 원인은 바로 이 세균들 때문이에요. 이 세균들이 발에 붙어서 악취를 유발하는 화학 물질을 만들어 내는 거예요. 백선균이 침입해 발에 무좀이 있는 사람은 발냄새가 더 심하답니다.

 ### 개와 고양이도 발냄새가 날까?

몸에 털이 가득한 개와 고양이는 콧등과 발바닥에 땀샘이 유독 발달해 있어요. 그래서 사람처럼 발바닥에서 발냄새가 나지요. 하지만 이 세균은 계속 맡고 싶을 만큼 고소한 냄새를 풍겨요. 만약 개와 고양이의 발바닥에서 사람의 발냄새처럼 고린내가 나면 건강에 이상이 생긴 것이니 동물병원에 가 봐야 해요.

 ### 냄새를 풍기지 않는 발 에티켓

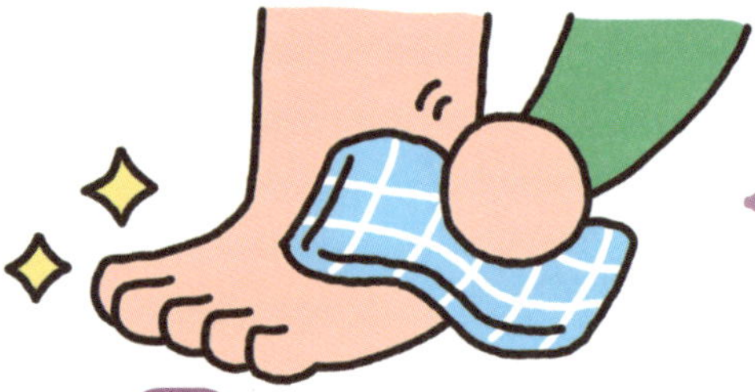

1. 외출하고 돌아오면 발을 깨끗이 씻고, 물기가 남지 않게 잘 말려요.

2. 바람이 잘 통하는 재질로 된 신발을 신고, 꼭 끼지 않는 여유 있는 사이즈를 골라요.

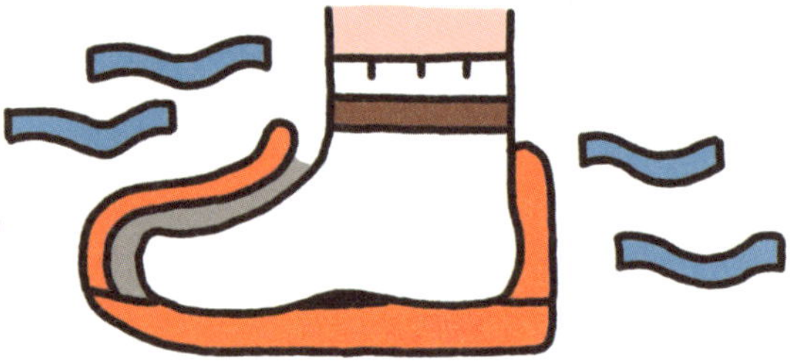

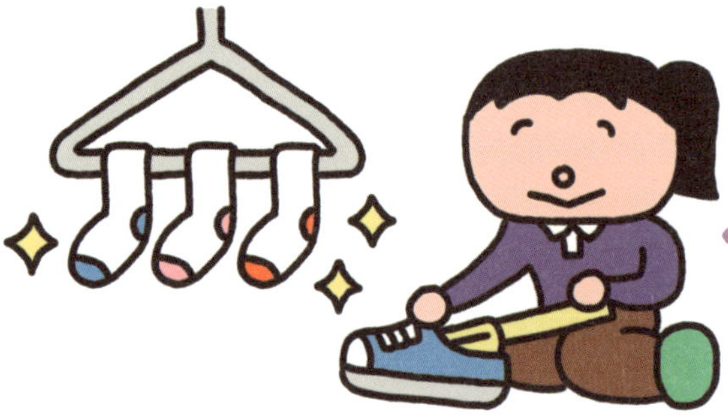

3. 양말은 매일 갈아 신고, 신발 안쪽도 청결하게 관리해요.

문해력 더하기

1 다음 중 비행기, 기차, 영화관 같은 좁은 공간에서 지켜야 할 에티켓이 아닌 것은 무엇일까요? (   )

❶ 빈 좌석이라도 발을 올리지 않는다.
❷ 앞좌석을 발로 차지 않는다.
❸ 원활한 혈액 순환을 위해 신발을 신지 않는다.
❹ 일행과 대화할 때는 작은 목소리로 한다.

2 발에 세균이 번식하기 좋은 습관을 모두 찾아 번호를 쓰세요. (   )

❶ 외출했다 돌아오면 발을 깨끗이 씻는다.
❷ 고무 재질의 신발을 신는다.
❸ 양말을 매일 갈아 신는다.
❹ 발에 꼭 맞는 신발을 신는다.

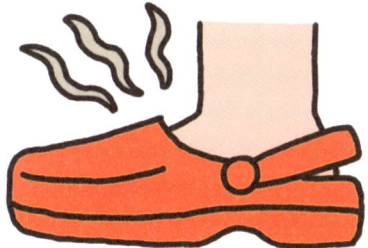

3 낱말에 알맞은 뜻풀이를 찾아 선으로 연결해 보세요.

❶ 기내 · · ㉠ 분개하여 몹시 성을 냄

❷ 분노 · · ㉡ 비행기의 안

❸ 대피 · · ㉢ 피해를 입지 않도록 피함

❹ 포진 · · ㉣ 전쟁을 치르기 위해 진을 침

10. 길바닥 껌딱지

지저분한 껌딱지, 예술이 되다

길을 걷다 보면 검게 변한 채 바닥에 들러붙은 껌을 흔하게 볼 수 있다. 바닥에 엎드린 채 이런 껌딱지에 그림을 그리는 남성은 영국의 거리 예술가 벤 윌슨이다.

벤은 사람들이 쓰레기를 아무 데나 버리는 걸 보며 환경과 예술이 결합할 방법을 고민해 오던 차에 길거리의 껌딱지가 눈에 들어왔다고 한다. 그때부터 껌딱지를 찾아 하나씩 작품으로 바꾸어 나갔다.

껌을 바닥에 버리는 것은 단순한 쓰레기 하나를 버리는 것과는 차원이 다르다. 껌의 재료인 합성수지는 미생물이 분해할 수 없는 구조라 바닥에 오랫동안 남아 미관을 해친다. 뿐만 아니라 미세 플라스틱이 되어 하수구를 통해 강과 바다에 흘러 들어가 환경에도 나쁜 영향을 미친다.

벤은 껌딱지 예술을 통해 환경 오염에 대한 강력한 메시지를 전하고 있는 것이다.

미세 플라스틱	플라스틱 제품이 분해되는 과정에서 생긴 1nm(나노미터)~5mm 크기의 미세한 플라스틱 조각	micro plastic

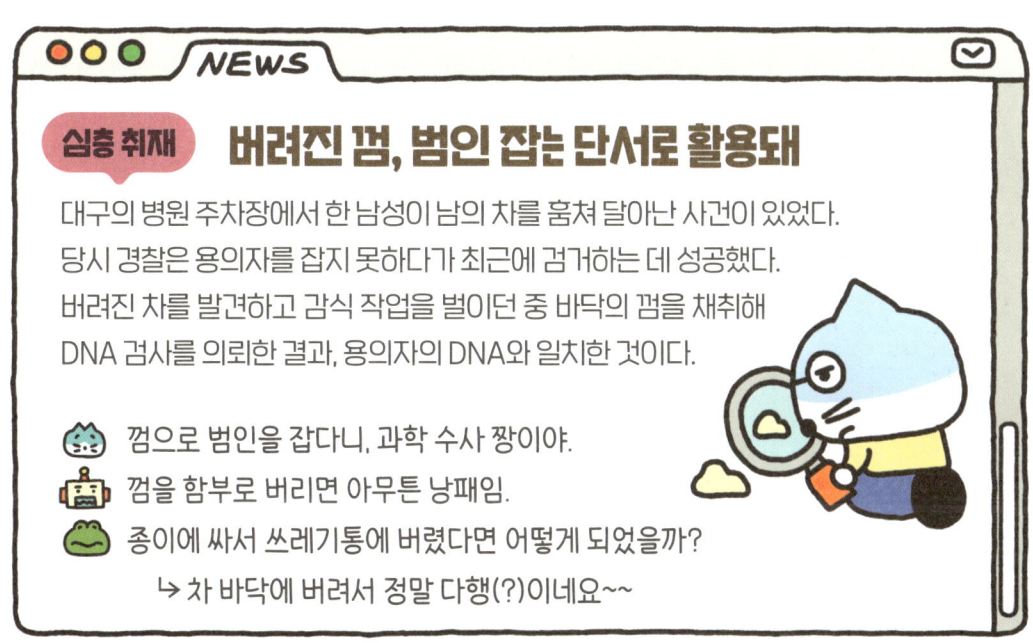

그! 래! 서! 준비해 봤습니다

껌은 어떻게 만들어질까?

껌의 기원은 마야족의 치클

껌의 역사는 꽤 오래되었어요. 1700여 년 전, 중앙아메리카에 살던 마야족 사람들이 '**치클**'이라는 천연고무를 씹기 시작했어요. 고무나무의 껍질에 상처를 내면 찐득거리는 뽀얀 수액이 나오는데, 이것을 굳혀서 씹었던 거예요. 1869년, 미국의 토머스 애덤스가 여기에서 아이디어를 얻어 치클에 감미료를 넣어 판 것이 오늘날 우리가 씹는 껌이 되었어요.

사람들이 점점 껌을 많이 찾게 되면서 껌을 만드는 데 보다 저렴한 재료가 필요했어요. 치클은 구하기도 어렵고, 너무 비쌌거든요. 그래서 지금은 대부분 인공적으로 만들어 낸 폴리비닐 아세테이트라는 **합성수지**(플라스틱)를 껌 베이스로 하고, 여기에 감미료와 향신료를 섞은 다음 굳혀서 만들어요.

이 껌 베이스가 페인트나 타이어와 같은 성분이라니요.

껌을 버리면 미세 플라스틱으로 남아

껌 베이스는 씹을 때 부드럽고 탄성이 있도록 하는 껌의 핵심 재료예요. 그런데 폴리비닐아세테이트는 석유를 정제해서 얻어요. 목공풀 같은 접착제나 페인트, 타이어 등에도 쓰이는 물질이지요. 합성수지라고 해도 껌에는 아주 적은 양이 들어가는 데다 껌의 특성상 씹고 뱉는 거라서 우리 몸에 큰 영향을 미치지는 않아요.

하지만 껌은 잘 분해되지 않아 아무 데나 뱉어 버리면 **미세 플라스틱**이 되어 환경에 나쁜 영향을 미쳐요. 반드시 휴지에 잘 감싸서 버려야 해요. 휴지가 없으면 껌 포장지를 갖고 있다가 쓰는 것도 좋은 방법이에요.

 ## 껌과 같이 씹으면 안 되는 음식이 있다?

껌을 씹을 때 같이 씹으면 안 되는 건 바로 튀김 같은 기름진 음식이에요.

껌의 주성분인 폴리비닐아세테이트는 물이나 침에는 녹지 않지만 기름과 만나면 녹아 버려요. 무심코 기름에 튀긴 음식과 함께 씹다 보면 껌이 질겅거리다가 녹아서 입속에서 스르르 사라져 버린답니다.

 ## 껌을 씹을 때 지켜야 할 에티켓

1 껌을 씹을 때 쩍쩍거리는 소리를 내지 않아요.

2 다 씹은 껌을 길에 뱉지 않아요.

3 씹고 난 껌은 휴지에 싸서 쓰레기통에 버려요.

문해력 더하기

1 기사에서 말하는 껌딱지 예술은 어떤 것일까요? (   )

① 껌이 들러붙은 신발을 모아 예술 작품으로 설치하는 것

② 길바닥의 껌딱지에 그림을 그려 작품으로 만드는 것

③ 껌이 붙은 곳에 도장을 찍는 것

④ 버려진 껌딱지를 떼어 뭉쳐서 예술 작품을 만드는 것

2 다음은 껌의 역사에 관한 글이에요. 초성에 해당하는 낱말은 무엇일까요? 순서대로 써넣으세요.

1700여 년 전, 중앙아메리카에 살던 ㅁㅇ족 사람들이 천연고무를 씹기 시작했다. 고무나무의 껍질에 상처를 내면 나오는 찐득거리는 뽀얀 수액인 ㅊㅋ을 굳혀서 씹은 것이다.

(,   )

3 벤 윌슨이 껌딱지에 그림을 그리게 된 계기에 대해 말하고 있어요. 알맞게 짝지어진 낱말을 고르세요. (   )

저는 ○○과 ○○이 결합할 방법을 고민해 오던 차에 길거리의 껌딱지가 눈에 들어왔어요.

① 예술, 과학　　② 환경, 기술　　③ 환경, 예술　　④ 노동, 자연

67

11. 양치질 에티켓

SNS에서 논쟁 중인 하루 양치질 횟수는?

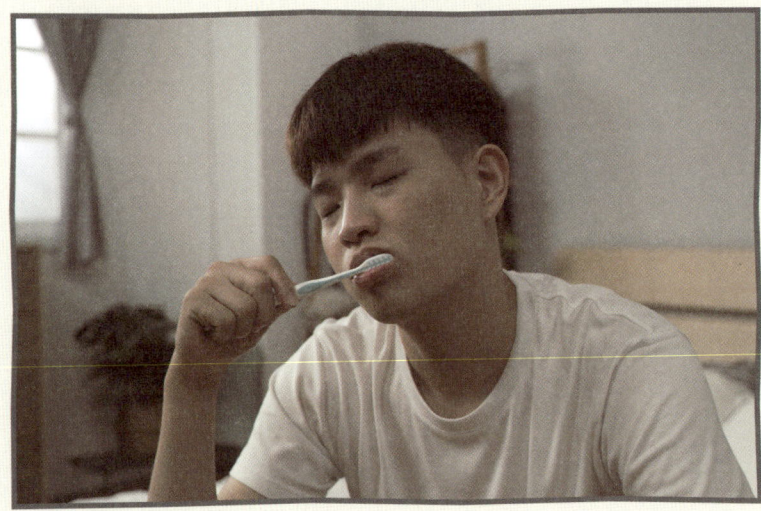

윽! 양치했어? 입냄새가 코를 찌르잖아.

'아침에 양치질을 하지 않고 나가는 게 잘못인가?'에 대해 SNS가 뜨겁다. 논란의 불을 지핀 이는 회사원 H씨다. H씨는 '아침 6시에 일어나 회사에 가서 7시 30분쯤 아침밥을 먹고 이를 닦는다. 꼭 양치를 하고 회사에 가야 하나?'라는 글을 올렸다.

이에 '일어나자마자 이를 닦는 것은 다른 사람을 위한 최소한의 에티켓', '구내염이라도 있으면 화생방 오픈이다.', '출근하면서 다른 사람과 대화하는 게 아니면 괜찮다.', '양치를 못하면 가글이라도 하라.'는 등의 댓글이 달렸다.

충치의 원인이 되는 플라크는 밤사이에 가장 많이 생긴다. 아침에 일어나서는 물론이고 자기 전, 간식이나 음료를 먹은 경우에도 치아 건강을 위해 이를 닦는 것이 좋다. 양치가 습관화되면 입냄새 문제로 다른 사람에게 불쾌감을 줄 일도 없다.

용어 알고 가요

구내염 입안 조직에 생기는 염증. 염증 부위에서 세균이 증식해 입냄새를 만든다.

가글 입안을 액체로 청소하는 것, 또는 그때 사용되는 구강청결제를 일컫는다.

333 법칙? 이젠 0123 법칙이다!

**잇몸 자극 없이, 식후 1분 이내에,
2분 이상, 하루 3번! 0123 법칙이 왔다!**

**식후 3분 이내, 3분 이상, 하루 3번
양치하는 333 법칙은 가라!**

시대가 바뀌었으니 양치법도 새롭게!
바른 양치 습관으로 이 건강을 지키세요!

그!래!서! 준비해 봤습니다

고약한 입냄새는 왜 나는 걸까?

입냄새가 나는 건 입속 세균 때문

　사람의 입안에는 여러 **세균**이 살고 있어요. 우리 입에서 분비되는 침에는 이런 세균의 증식을 막아 주는 항균성 물질이 포함되어 있지요. 그런데 잠을 잘 때는 침이 적게 나와 세균이 증식하기 쉬워요. 이를 닦지 않고 자면, 이 세균들이 입안에 남아 있는 음식물을 분해하는 과정에서 불쾌한 냄새가 나는 가스를 만들어 내요. 이 가스가 바로 입냄새의 원인이에요.

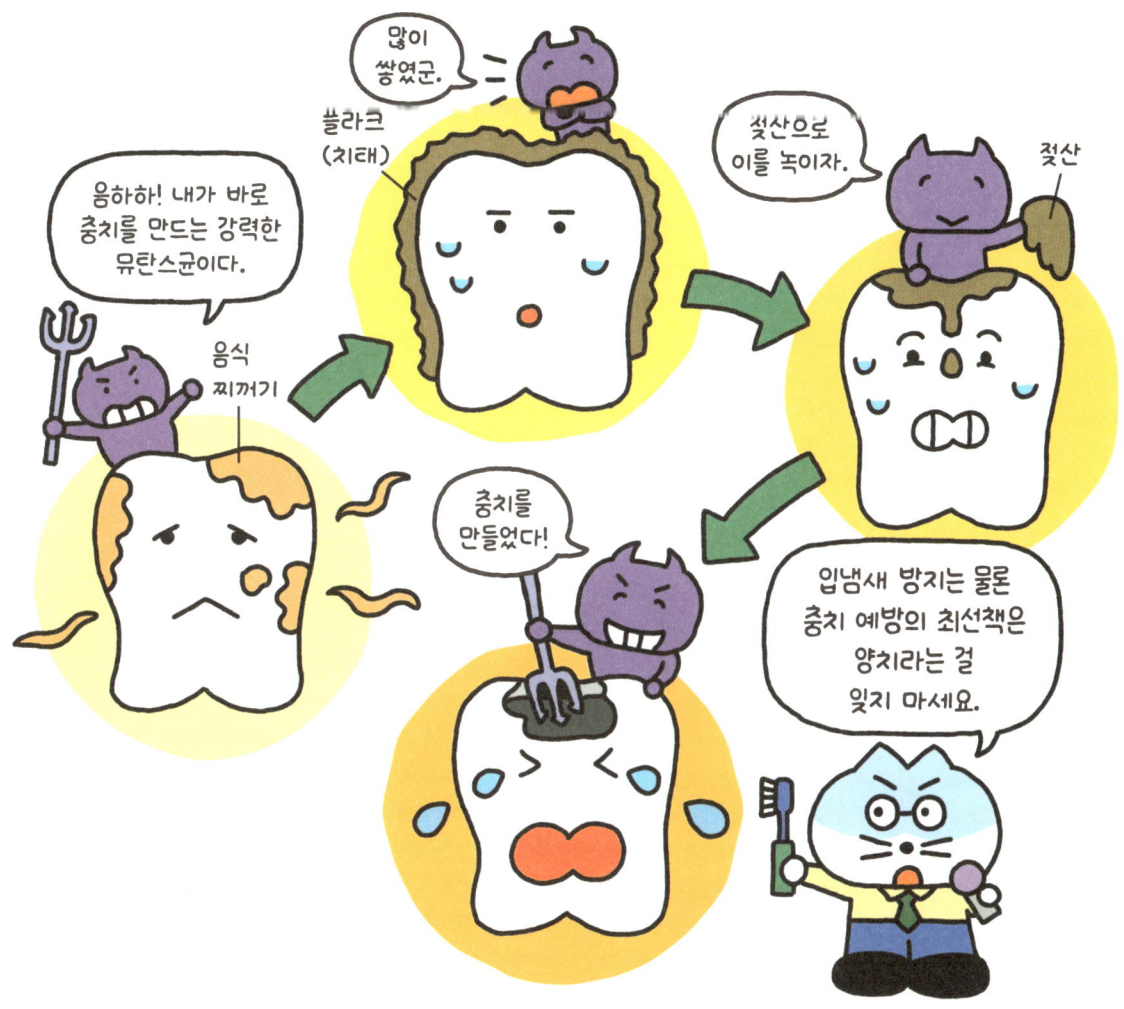

이를 닦지 않으면 생기는 치아 질환

이 표면과 이 사이사이에는 음식 찌꺼기와 세균이 잘 엉겨 붙어 **플라크**(치태)가 쌓여요. 이 플라크를 제때 닦지 않으면 시간이 지나면서 단단하게 굳어 **치석**을 만들지요. 초콜릿, 사탕, 탄산음료 같은 음식을 많이 먹으면 치석이 더 빨리 생성되고, 세균도 잘 번식한답니다.

충치의 원인이 되는 **뮤탄스균**은 단 음식을 좋아해요. 이 균이 달라붙어 당분을 분해할 때 젖산이 만들어지는데, 젖산이 치아 표면을 녹여 안으로 침투해 들어가면 이가 썩는 거예요. 음식을 먹은 뒤에는 입안에 찌꺼기가 남지 않도록 바로바로 양치를 하는 게 정말 중요하겠죠?

 ### 오줌을 치약으로 썼다고?

고대 로마인들은 깨끗하고 하얀 치아를 중요하게 여겼어요. 하지만 치약이 없었기 때문에 자연에서 얻을 수 있는 방법을 찾았어요. 그중 하나가 바로 오줌을 이용하는 거예요. 황당하게 들리지만 오줌 속 암모니아 성분이 알칼리성이라 천에 묻혀 이를 문지르면 음식 찌꺼기와 플라크를 분해하는 효과가 있대요.

 ### 입냄새 예방을 위한 칫솔질 에티켓

1  잇몸에서 치아 쪽으로 칫솔을 돌리며 닦아요.

2  안쪽은 칫솔을 잇몸에 비스듬히 대고 닦아요.

3  칫솔을 똑바로 대고 씹는 면을 닦아요.

4 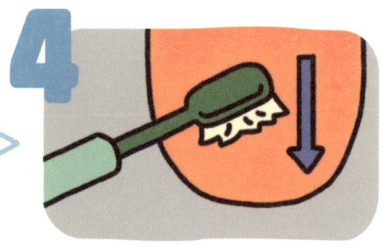 혓바닥을 닦는 것도 잊지 않아요.

1️⃣ 기사의 내용과 다른 이야기를 하는 사람은 누구일까요? (   )

2️⃣ 치아 건강을 지키기 위한 양치 습관이에요. 괄호 안에 숫자를 써넣으세요.

잇몸 자극 없이 (   ),
식후 (   )분 이내에,
(   )분 이상,
하루에 (   )번 양치해요!

3️⃣ 다음은 충치가 생기는 과정이에요. 순서에 맞게 정리해 보세요.

❶ 치석에 뮤탄스균이 붙어 당분을 분해할 때 젖산이 만들어진다.
❷ 플라크가 시간이 지나면서 단단하게 굳어 치석이 된다.
❸ 이에 음식 찌꺼기와 세균이 엉겨 붙어 플라크가 쌓인다.
❹ 젖산이 치아 표면을 녹여 안으로 침투해 들어가 이가 썩는다.

(   ) ➡ (   ) ➡ (   ) ➡ (   )

12. 악성 댓글

악성 댓글 쓰다
벌금 300만 원 선고돼

경찰청에 따르면 SNS 등 사이버 공간에서 벌어지는 악플 신고 건수가 해마다 증가하다가 지난해 다소 감소했다고 한다.

지난해 법원은 유명 가수에게 지속적으로 악성 댓글을 달아 온 I씨에게 벌금 300만 원을 선고하며, "댓글 내용이 단순 의견 표현을 넘어, 명예를 심각하게 훼손하는 모욕적 표현"이라고 판결한 바 있다.

사이버 공간에서 익명성을 이용해 타인의 명예를 훼손하고 모욕하는 댓글을 달면 누구라도 법적 처벌을 받을 수 있으며, 처벌 수위 또한 강화되고 있다.

얼굴을 직접 마주하지 않는다고 해서 타인에게 주는 상처가 결코 작아지는 것도, 쉽게 용서받을 수 있는 것도 아니다. 사이버 공간 역시 사람과 사람이 만나는 곳이므로 건강한 온라인 소통을 위해 책임 있는 언행이 필요하다.

용어 알고 가요

SNS Social Networking Service의 약자. 사회 관계망을 만들어 주는 서비스를 말한다.

악플 악성 댓글(reply)의 줄임말로 타인을 악의적으로 비하할 목적으로 다는 댓글을 말한다.

심층 취재 **5월 23일, '악플 없는 날' 선포식 열려**

선플재단은 악플의 심각성을 인식하고, 5월 23일 하루만이라도 인터넷상에서 악플을 달지 말자는 취지의 '악플 없는 날'을 선포했다. 선플 운동은 지난 2007년에 시작되어 현재 84만여 명의 누리꾼이 참여하고 있다. 많은 사람들이 동참해 건강한 인터넷 문화가 정착되기를 기대해 본다.

- 저도 악플 없는 세상을 꿈꿔 봅니다.
- 그런다고 악플이 없어질까? ㅋㅋㅋㅋ
  - ↳ 이런 사람들 때문에 쉽진 않겠어요.
- 5월 23일이 되면 저도 참여하고 싶네요.

그! 래! 서! 준비해 봤습니다

악플 공격을 받으면 왜 병이 들까?

공포를 인지하는 뇌의 편도체

우리 뇌에는 **편도체**라는 작은 아몬드 모양의 부위가 있어요. 좌우 뇌에 하나씩 존재하며, 변연계의 일부로 **감정 조절**과 **기억**을 담당해요. 특히 위험, 공포, 불안, 분노 같은 감정을 조절하는 역할을 하지요. 그래서 위험한 상황이 닥치면 빠르게 반응하도록 편도체가 활성화돼요.

편도체가 활성화되면 우리 몸은 위기 상황에 대비하기 위해 비상 태세를 갖추어요. 이때 심장 박동이 증가하고, 근육은 긴장하며, 스트레스 호르몬이 분비된답니다.

원시 시대에는 맹수의 위협을 감지하는 등 생존하는 데 편도체가 필수적인 기능을 담당했어요. 그러나 현대 사회에서는 감정과 행동에 큰 영향을 미치고 있어요. 심리적인 비난만 받아도 편도체가 활성화되기 때문이에요.

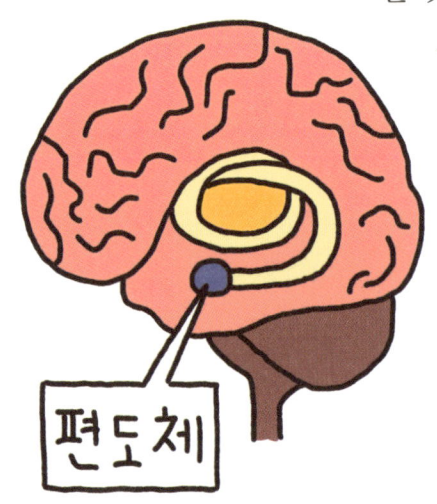
편도체

스트레스 호르몬과 악성 댓글

　악성 댓글은 단순히 상대방의 기분을 나쁘게 하는 것 이상의 부정적인 메시지를 담고 있어요. 온라인에서는 익명성이 보장되기 때문에 평소보다 더 공격적으로 상대를 비방하고, 조롱하며, 혐오하는 표현을 쓰기 쉬워요. 특히 외모나 성격에 대한 공격은 자존감까지 떨어뜨릴 수 있어요.

　편도체는 부정적인 감정에 훨씬 민감하게 반응해요. 악플도 위협으로 인식되어 스트레스 호르몬이 과도하게 분비되지요. 그러면 소화 기능 장애, 면역 기능 저하, 불면증 등 신체 건강 이상으로 이어진답니다.

　악플은 '손가락 살인'이라고도 불려요. 악플이 사람의 마음뿐만 아니라 몸까지 망가뜨리기 때문이에요.

 ### 편도체가 손상되면 두려움이 없다?

우리 몸에서 감정을 조절하는 뇌의 편도체가 손상되면 공포를 느끼지 못할까요?
실제로 편도체를 제거한 쥐는 고양이를 무서워하지 않아 고양이를 물기도 했대요. 사람도 편도체가 손상되면 낯가림을 느끼지 못하고, 공포에 대한 반응이 무뎌진답니다.

 ### 인터넷 예절, 네티켓을 지켜요

1 다른 사람을 비방하거나 상처 입히는 글은 쓰지 않아요.

2 사실 확인이 되지 않은 내용을 올리거나 퍼나르지 않아요.

3 다른 사람의 사진이나 개인 정보를 함부로 올리지 않아요.

문해력 더하기

1 기사의 내용과 다른 것은 무엇일까요? (　　)

① 악플을 달면 미성년자를 제외하고 법적 처벌을 받을 수 있다.
② 유명 가수에게 지속적으로 악플을 단 사람이 300만 원 벌금을 선고받았다.
③ 악플 다는 사람에 대한 처벌 수위가 점점 강화되고 있다.
④ 악플 신고 건수는 해마다 증가하다가 지난해 다소 감소했다.

2 악성 댓글을 다는 사람의 마음과 거리가 먼 것은 무엇일까요? (　　)

① 이름이 드러나지 않으니까 나쁜 말을 쉽게 해.
② 현실에서는 안 그러는데 왠지 공격적이 돼.
③ 많은 사람들한테 내가 누구인지 알려 주고 싶은 거야.
④ 상대방이 받을 상처를 공감하지 못하고 있어.

3 뜻풀이에 맞는 낱말을 보기 에서 찾아 쓰세요.

| 보기 | 익명 | 조롱 | 비방 | 혐오 |

(1) 비웃거나 깔보면서 놀림　　　　　　　　　(　　　　)
(2) 미워하고 꺼림　　　　　　　　　　　　　　(　　　　)
(3) 남을 비웃고 헐뜯어서 말함　　　　　　　　(　　　　)
(4) 이름을 숨김　　　　　　　　　　　　　　　(　　　　)

13. 생활 하수

오염 물질 유입으로 팔당호 수질 비상

물이 더러워 물고기도 살기 힘들어요!

최근 팔당호 상류에 위치한 캠핑장과 골프장, 휴게 시설을 점검한 결과 30여 곳이 오염 물질을 배출하다 적발됐다.

경기도 광주에 위치한 팔당호는 2600만 수도권 시민들이 날마다 사용하는 물의 원천이다. 그런데 인근에서 배출되는 생활 하수가 지속적으로 빗물에 섞여 흘러들면 부영양화를 일으키고 녹조 현상을 촉진한다. 녹조가 심해지면 수질이 악화될 뿐만 아니라, 물속 용존산소량이 낮아져 물고기들이 질식사하는 등 생태계에도 큰 영향을 미친다.

정부와 지자체에서 지속적으로 수질을 관리하고 있지만 보다 강력한 규제가 필요하다는 목소리가 커지고 있다.

한강유역환경청은 생활 하수가 그대로 팔당호로 흘러 들어가는 일이 없도록 예방에 최선을 다하고 있다고 밝혔다.

용어 알고 가요

부영양화 플랑크톤이 비정상적으로 번식하여 수질이 오염되는 현상

용존산소량 (DO) 물속에 녹아 있는 산소의 양. 수질 오염의 지표로 사용된다.

강이 오염되면 어떻게 될까?

녹조 현상은 식물성 플랑크톤 때문

강물 속에는 물고기들의 먹이인 **식물성 플랑크톤**이 떠다녀요. 특히 여름철이 되면 강한 햇빛과 높은 수온으로 인해 이들의 성장 속도가 훨씬 빨라지지요. 초록색을 띠는 플랑크톤 때문에 물빛이 초록색으로 보일 때가 있는데, 이것이 바로 **녹조**예요.

녹조는 자연적인 현상으로만 일어나는 게 아니에요. 공장에서 나오는 폐수와 사람들이 버리는 생활 하수가 강물로 흘러들어 플랑크톤의 먹이가 되는 인과 질소가 과다하게 공급될 때도 플랑크톤이 폭발적으로 늘어나 녹조가 생깁니다.

녹조를 만드는 건 인간이 버린 생활 하수

만약 자연적인 녹조 현상만 있다면 심각한 수질 오염을 초래하지는 않을 거예요. 그러나 생활 하수, 공업 폐수가 계속 유입되어 **부영양화**가 지속되면 녹조가 퍼지는 것을 막을 수 없어요. 급격히 늘어난 플랑크톤으로 인해 물속의 산소가 부족해져 물고기들도 떼죽음을 당하지요. 이대로 방치하면 물이 썩어 식수로 쓸 수 없게 된답니다.

서울의 한강 공원 11곳에서 한 달 동안 배출되는 음식물 쓰레기가 코끼리 4~6마리 무게만큼이나 된다고 해요. 강의 수질 오염에 우리 모두 일조하지는 않았는지 돌아볼 문제입니다.

 **별난 궁금증**
물고기에게 먹이를 주지 말라고?

연못과 호수는 물고기뿐만 아니라 다양한 생물들이 조화를 이뤄 살아가는 곳이에요. 과도한 먹이는 특정 개체 수를 증가시켜 자연 생태계의 균형을 깨뜨릴 우려가 있어요. 먹이 찌꺼기와 물고기 배설물이 증가하면 녹조도 생길 수 있답니다. 그러니 '먹이를 주지 마세요.' 라는 안내판의 경고를 반드시 지켜야겠죠?

에티켓 챙겨!
호수 공원에서 지켜야 할 에티켓

1 취사 행위를 하지 않아요.

2 쓰레기는 지정 장소에 분리해서 배출해요.

3 화장실을 깨끗하게 사용해요.

4 자기가 가져온 것은 모두 되가져 가요.

문해력 더하기

1 다음 중 수질 오염의 원인이 아닌 것은 무엇일까요? (　　　)

❶ 사람들이 쓰고 버리는 생활 하수가 정화되지 않고 지속적으로 유입된다.
❷ 오염 물질이 많아져 물속 식물성 플랑크톤이 급속히 줄어든다.
❸ 축산 농가에서 발생하는 가축의 분뇨가 제대로 처리되지 않는다.
❹ 공장에서 버리는 공업 폐수가 유입되어 수질에 악영향을 준다.

2 두 친구의 대화에서 괄호 안에 들어갈 낱말은 각각 무엇일까요?

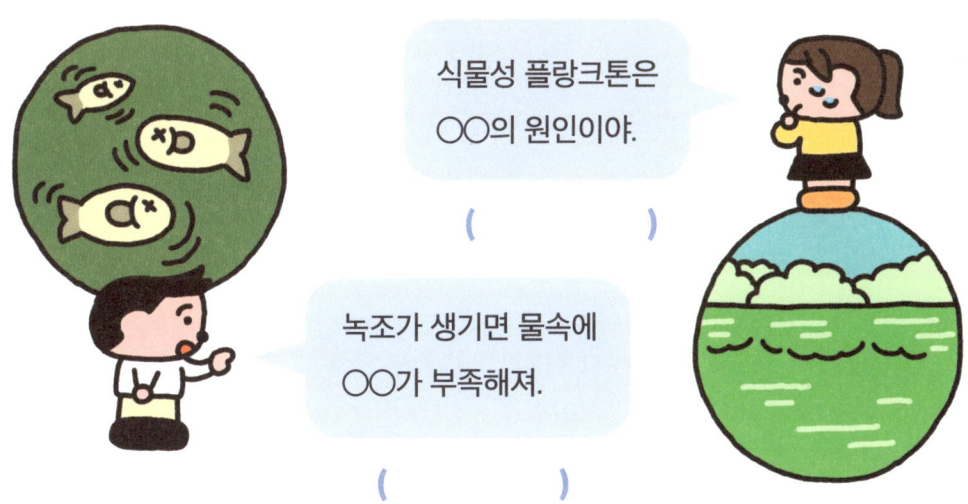

식물성 플랑크톤은 ○○의 원인이야.
(　　　)

녹조가 생기면 물속에 ○○가 부족해져.
(　　　)

3 낱말에 알맞은 뜻풀이를 찾아 선으로 연결해 보세요.

❶ 하수　·　　　　　·　㉠ 액체나 기체 따위가 흘러듦

❷ 수질　·　　　　　·　㉡ 안에서 밖으로 내보내는 일

❸ 유입　·　　　　　·　㉢ 쓰고 버리는 더러운 물

❹ 배출　·　　　　　·　㉣ 물의 성질

14. 음식점 안전사고

노키즈존 줄이는 웰컴키즈 보험 선보여

뛰지 마! 안 돼! 위험해! 다쳐!

서울 광화문의 음식점에서 한 아이가 복도를 뛰어다니다가 음식을 나르던 종업원과 부딪치는 사고가 일어났다. 이 사고로 아이는 뜨거운 국물을 뒤집어쓰고 몸에 2~3도 화상을 입었다.

음식점은 가스레인지 같은 화기는 물론이고 날카로운 도구, 뜨거운 음식물, 미끄러운 바닥 등 각종 사고 위험이 도사리는 장소이다. 뛰어다니고 장난치다가 화상이나 미끄러짐 사고를 당하는 등 어린이 안전사고가 끊이지 않자 서울시는 모 보험회사와 손잡고 '웰컴키즈 안심보험'을 내놓았다. 이는 안전사고의 책임을 대부분 업주가 져야 하는 탓에 몇 년 전부터 노키즈존 매장이 잇따라 등장한 것과 무관하지 않다. 보험 출시로 업주의 배상 책임 부담을 덜어주고, 아이 동반 손님을 환영하는 분위기가 확산되길 기대해 본다.

노키즈존 어린이의 출입을 제한하는 곳. 우리나라에는 음식점, 카페 등 약 500곳의 노키즈존 매장이 있다.

No Kids Zone
Kids Free Zone

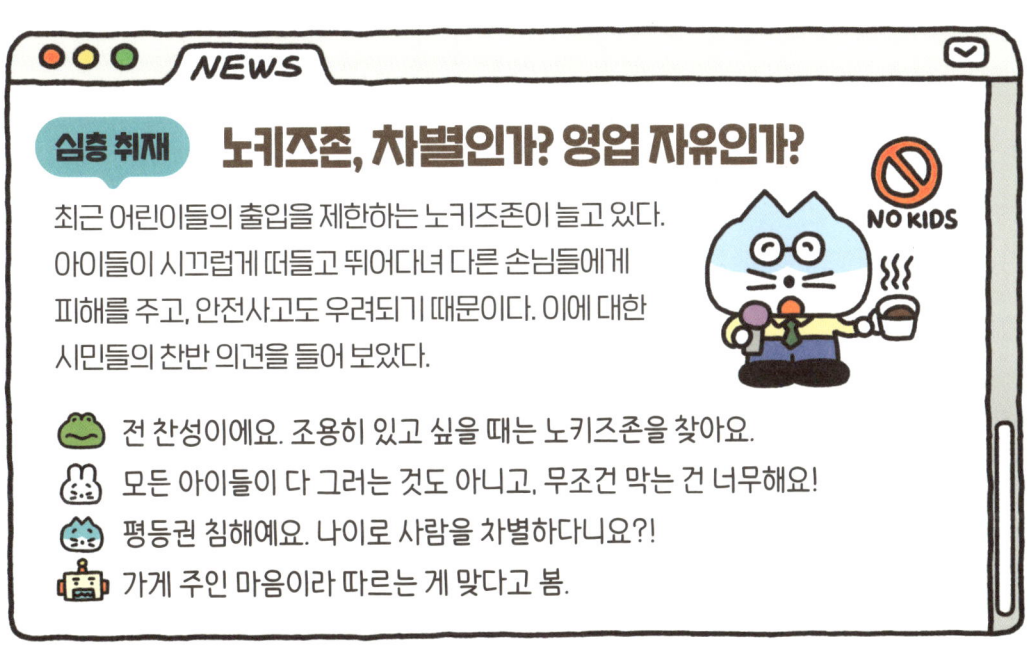

심층 취재 노키즈존, 차별인가? 영업 자유인가?

최근 어린이들의 출입을 제한하는 노키즈존이 늘고 있다. 아이들이 시끄럽게 떠들고 뛰어다녀 다른 손님들에게 피해를 주고, 안전사고도 우려되기 때문이다. 이에 대한 시민들의 찬반 의견을 들어 보았다.

- 전 찬성이에요. 조용히 있고 싶을 때는 노키즈존을 찾아요.
- 모든 아이들이 다 그러는 것도 아니고, 무조건 막는 건 너무해요!
- 평등권 침해예요. 나이로 사람을 차별하다니요?!
- 가게 주인 마음이라 따르는 게 맞다고 봄.

그! 래! 서! 준비해 봤습니다

피부는 화상을 입으면 어떻게 될까?

손상 부위의 정도에 따른 화상의 단계

뜨거운 물이나 불, 화학 물질 등에 의해 피부가 손상된 상태를 **화상**이라고 해요. 불을 많이 사용하는 주방에서, 주로 어린이들에게 화상 사고가 많이 발생해요. 화상은 피부의 어느 층까지 손상을 입었느냐에 따라 1~4도 화상으로 구분할 수 있어요.

1도 화상은 **표피**에 손상을 입어 피부가 붉어지고 따끔거려요. 물집은 생기지 않고 대부분의 경우 후유증 없이 나아요.

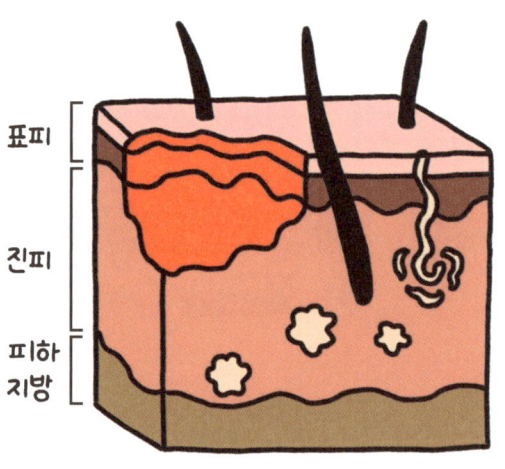

2도 화상은 **진피**의 일부까지 손상을 입는 경우예요. 물집이 생기고, 붓고, 심한 통증이 있어요. 상처가 나아도 흉터가 남을 수 있지요.

3도 화상부터는 피부의 모든 층에 심각한 손상을 입은 상태예요. 신경까지 손상되어 통증을 느낄 수조차 없어요.

음식점은 어린이 안전사고 위험 지대

화상으로 심하게 손상된 피부는 다시 원래대로 돌아오기 힘들어요. 그래서 뜨거운 물이나 연기, 불, 화학 물질 등을 사용하는 곳에서는 조심 또 조심해야 해요. 음식점 중에서도 구이나 전골, 볶음 요리를 위해 식탁에서 화기를 많이 쓰는 한식당, 고깃집에는 각종 안전사고가 일어날 수 있어요. 특히 어린이들은 다치지 않도록 각별한 주의가 필요해요.

 ## 매운 음식 먹고 화상을 입을 수 있다?

청양고추나 마늘 같은 매운 식재료를 만지면 손이 화끈거리고, 먹다 보면 입술과 입안에서 타는 듯한 열이 나는 경우가 있어요. 이를 '캡사이신 화상'이라고 해요. 일정 시간이 지나면 자연스럽게 사라진답니다. 그때까지 눈을 비비거나 손으로 얼굴을 만지지 않도록 주의해야 해요.

 ## 음식점에서 지켜야 할 에티켓

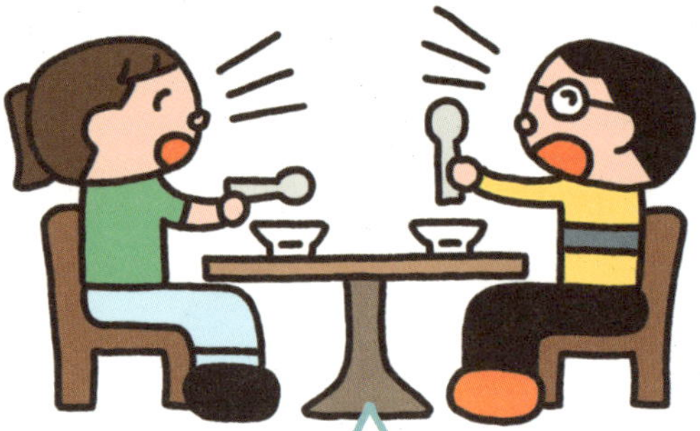

1 큰 소리로 떠들지 말고, 작은 소리로 대화해요.

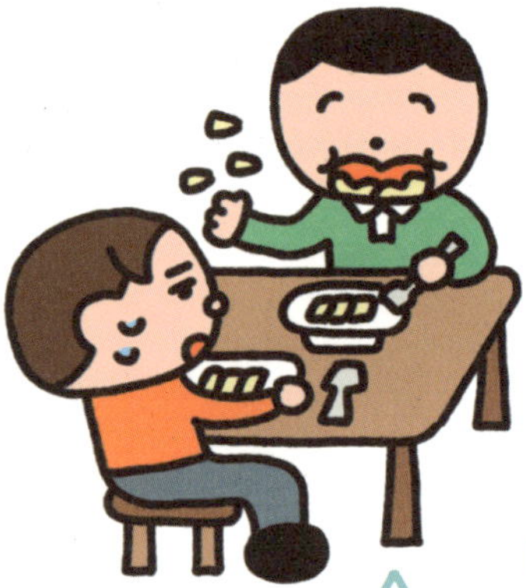

2 입안에 음식이 있을 땐 말을 하지 않아요.

3 자리에서 일어나 돌아다니지 않아요.

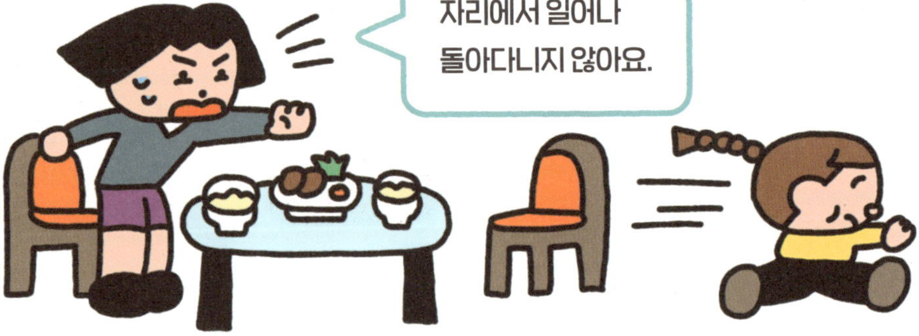

문해력 더하기

1 기사의 내용을 잘못 이해하고 있는 사람은 누구일까요? (   )

① 노키즈존을 두는 매장이 늘고 있어.
② 사고가 난 음식점에는 절대 가면 안 돼.
③ 노키즈존을 줄이기 위한 보험이 있대.
④ 뜨거운 음식에 닿아도 화상을 입을 수 있어.

2 뜻풀이에 맞는 낱말을 보기에서 찾아 쓰세요.

| 보기 | 배상 | 차별 | 업주 | 화기 |

(1) 남의 권리를 침해한 사람이 그 손해를 물어 주는 일   (   )
(2) 불을 다루는 기구   (   )
(3) 둘 이상의 대상을 등급이나 수준 따위의 차이를 두어 구별함 (   )
(4) 영업에서 생기는 모든 권한과 책임을 가진 주인   (   )

3 괄호 안에 들어갈 낱말이 알맞게 짝지어진 것은 무엇일까요? (   )

> 1도 화상은 피부가 붉어지고 따끔거리지만 대부분 (   ) 없이 낫는다. 하지만 2도 화상부터는 (   )이 생기고, 붓고, 심한 통증이 있다. 3도 화상부터는 신경까지 손상되어 통증을 느낄 수조차 없다.

❶ 두드러기, 허물   ❷ 냄새, 열   ❸ 반점, 감염   ❹ 후유증, 물집

15. 엘리베이터 에티켓

닫힘 버튼 누를까, 말까?
3초의 배려 필요해

우리나라에서 가수로 활동하고 있는 외국인 J씨는 유튜브 방송에서 자신이 한국인이 다 된 것 같다고 느낀 순간을 '엘리베이터를 타고 닫힘 버튼을 누르는 자신을 발견할 때'라고 밝혀 웃음을 자아냈다.

우리는 엘리베이터를 타자마자 대부분 닫힘 버튼을 눌러 빨리 문을 닫는다. 한국인 특유의 빨리빨리증후군 탓이다.

미국에서는 1990년에 장애인 차별 금지법이 제정되면서 닫힘 버튼이 기능을 상실했다. 목발을 짚거나 휠체어 탄 사람들이 여유롭게 탈 수 있도록 하기 위해서다. 유럽에서는 닫힘 버튼을 누르지 않는 것이 타인에 대한 배려라고 생각한다.

엘리베이터는 다양한 사람들이 함께 이용하는 공동 시설이다. 조급한 마음에서 벗어나 3초를 기다려 주는 마음의 여유가 필요해 보인다.

용어 알고 가요

빨리빨리 증후군 : 어떤 일이든 빠르게 처리하려고 하고 늦어지거나 기다리는 것을 매우 싫어하는 현상

차별 금지법 : 인종, 성별, 연령, 장애, 종교 등의 이유로 차별받지 않도록 보호하는 법

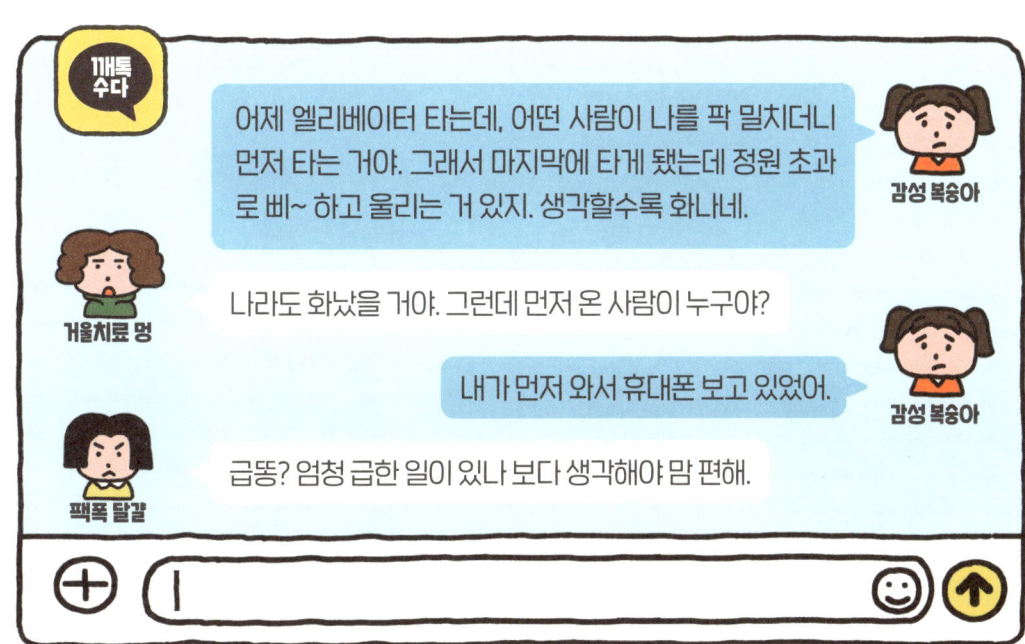

그! 래! 서! 준비해 봤습니다

엘리베이터는 어떻게 작동할까?

도르래로 움직이는 엘리베이터

엘리베이터가 움직이는 데는 **도르래**의 원리가 적용돼요. 도르래는 둥근 바퀴에 끈을 달아서 힘의 방향을 바꾸거나 힘의 크기를 줄여 주는 장치예요. 크게 **고정도르래**와 **움직도르래**가 있어요.

고정도르래는 위치는 고정된 채 제자리에서 돌기만 하는 도르래예요. 힘을 주는 방향을 바꿔서 물건을 편하게 들어 올리게 해 줘요.

움직도르래는 물체와 함께 움직이는 도르래예요. 힘의 방향은 바뀌지 않지만 힘이 분산되어서 작은 힘으로 물건을 들어 올릴 수 있어요.

고정도르래에 움직도르래를 매달면 힘의 방향을 바꾸면서 절반의 힘으로도 물건을 들어 올릴 수 있어요.

엘리베이터는 거대한 도르래

엘리베이터는 고정도르래를 기본으로 움직이는 기계예요. 거대한 고정도르래에 사람이 타는 곳인 카를 비롯해 강력한 모터, 균형추 등 여러 가지 장치들로 연결되어 있어요. 가고 싶은 층 버튼을 눌렀을 때 이런 장치들이 서로 작동해 엘리베이터를 움직이게 하는 것이랍니다.

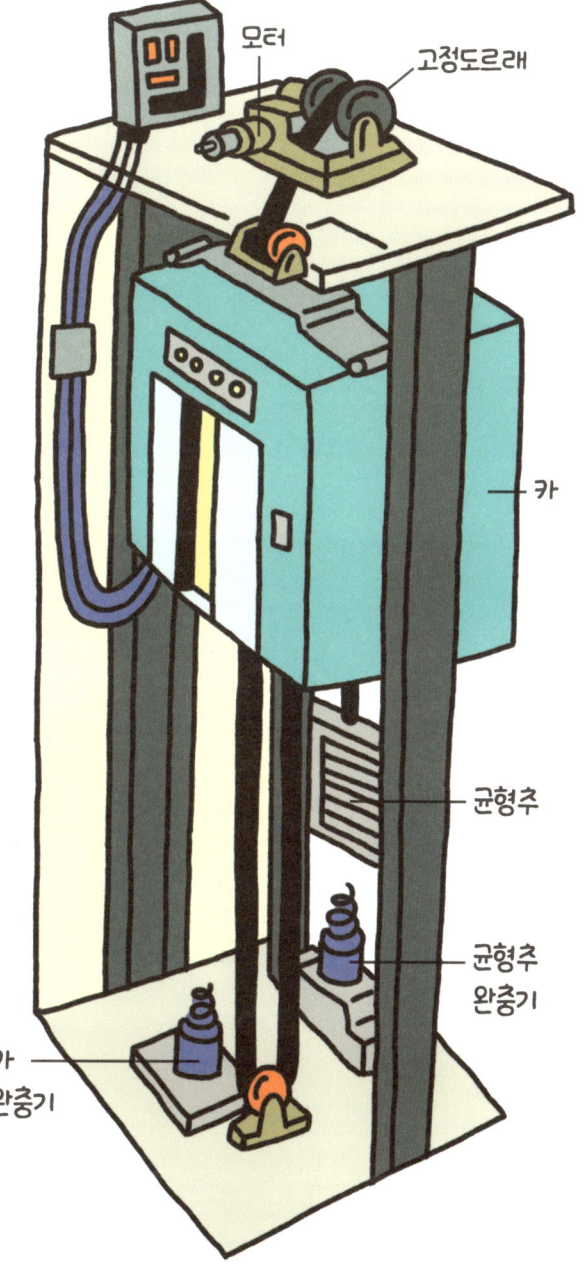

고층 건물에 없어서는 안 되는 엘리베이터, 배려가 필요한 작은 사회입니다.

 ## 엘리베이터에 거울이 있는 이유?

엘리베이터 기술이 발달하기 전, 미국의 한 고층 빌딩 엘리베이터가 속도가 느려 고객들의 불평이 많았어요. 이에 한 직원이 아이디어를 냈어요. 엘리베이터 안에 거울을 달아 몸단장하느라 시간 가는 줄 모르게 하자는 거였어요. 이 작전은 멋지게 성공해 불평이 줄었고, 이후 거의 모든 엘리베이터에 거울을 달게 되었어요.

 ## 엘리베이터에 탈 때 지켜야 할 에티켓

1 엘리베이터에 탈 때는 차례를 지켜 타요.

2 타려는 사람이 있으면 닫힘 버튼을 누르지 않고 조금만 기다려 줘요.

3 엘리베이터 안에서 장난을 치거나 뛰지 않아요. 오작동을 일으킬 수 있어요.

1. 엘리베이터 에티켓에 대해 이야기하고 있어요. 초성에 해당하는 낱말은 무엇일까요?

(   )　　　　　　　(   )

2. 도르래에 대한 설명이 맞으면 ○, 틀리면 X표 하세요.

(1) 고정도르래는 위치는 그대로이고, 제자리에서 돈다. (   )

(2) 움직도르래는 물체와 함께 움직인다. (   )

(3) 고정도르래는 힘을 주는 방향을 바꿔서 편하게 들어 올릴 수 있다. (   )

(4) 움직도르래는 방향을 바꿔 줄 뿐 힘을 분산시켜 주지는 않는다. (   )

3. 뜻풀이에 맞는 낱말을 그림 카드에서 찾아 써 보세요.

제도나 법률 따위를 만들어 정함.

(   )

공간이나 시간이 넉넉하여 남음이 있음.

(   )

16. 등산 소음

국립 공원 등산객, '야호' 외치면 안 돼

야호를 외치고 싶지만 산에선 참아야지!

산 정상에서 무심코 '야호' 하고 외치는 등산객의 소리가 겨울잠을 자는 동물과 번식기에 접어든 새들에게 심각한 소음 공해가 되고 있다.

작은 소리에도 민감하게 반응하는 새들은 갑작스럽게 큰 소리가 나면 짝짓기를 멈추고 알도 제대로 부화하지 못한다.

천연기념물로 보호받고 있는 반달가슴곰의 경우는 더 심각하다. 가수면 상태로 동면에 들어간 곰이 외침 소리에 깰 수 있으며 에너지가 없는 상태에서 다른 장소로 이동하다가 탈진하는 등 생명의 위협을 받기 때문이다. 천연기념물이자 멸종위기종인 산양을 설악산에서 보기 힘든 것도 이런 이유 때문이다.

국립 공원 관계자들은 등산객들이 정해진 탐방로만 이용할 것과 야호 같은 큰 소리를 자제할 것을 당부했다.

 용어 알고 가요

야호 등산객들이 서로 부르거나 외치는 소리. 알프스의 구조 요청 신호였던 johoo에서 유래되었다.

천연기념물 보존 가치가 있는 동물, 식물, 지형 등 국가가 지정하여 법률로 보호하는 자연 유산

반달가슴곰, 네가 왜 거기서 나와?

심층 취재

최근 지리산에서 등산객이 반달가슴곰과 마주친 일이 있었다. 반달가슴곰은 지리산과 덕유산에 90여 마리가 살고 있다. 20여 년에 걸친 복원 사업 끝에 개체 수가 늘고, 활동 반경이 넓어지면서 등산로에서도 곰을 마주할 수 있게 된 셈이다.

- 반달가슴곰이 늘어났다니 정말 다행이에요.
- 등산하다 곰과 마주칠 확률은 1% 이하.
- 만약 곰과 마주치면 나무 위로 올라가면 되나요?
  ↳ 곰이 사람보다 더 빨리 올라가요. 나무로 대피하는 건 금물!

메아리는 어떤 원리일까?

메아리는 반사의 원리

산에 올라 손을 입에 대고 '야호' 하고 외치면, 잠시 뒤에 '야호' 하는 소리가 되돌아와요. 이를 **메아리**라고 하고, 다른 말로 **산울림**이라고도 해요. 산에서 어떻게 이런 현상이 생기는 걸까요?

소리는 공기 중에서 1초에 약 340m를 직진해요. 이렇게 직진하던 소리

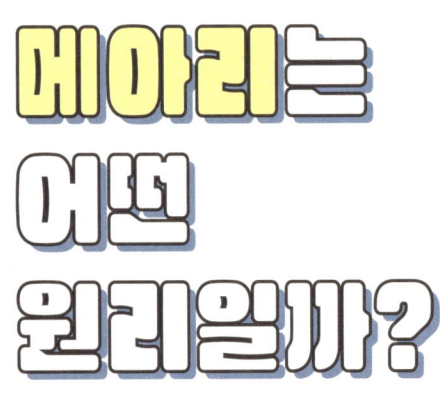

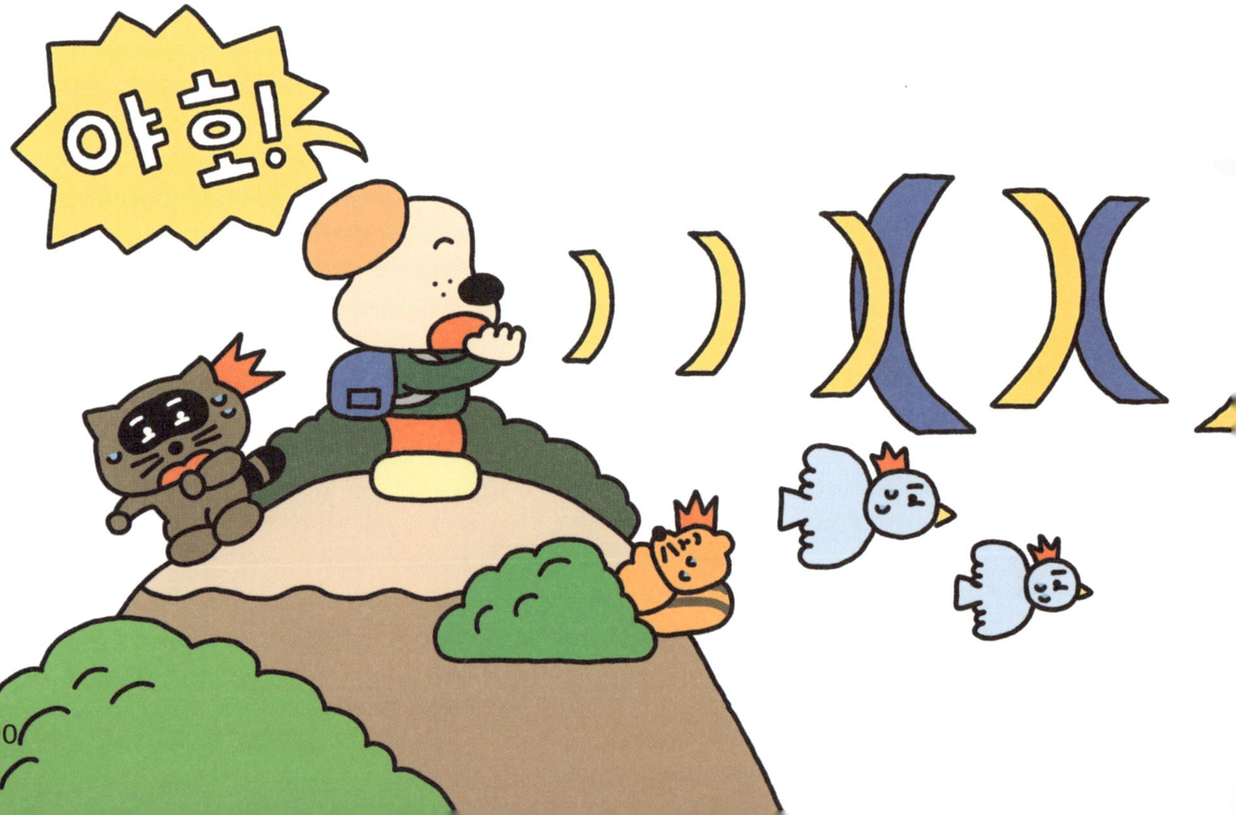

가 장애물을 만나 부딪히면 그대로 **반사**되어 되돌아와요. 산에 오르면 절벽이 많고, 산들이 연달아 능선을 이루고 있지요. 그래서 쭉 뻗어 나가던 소리가 다른 산이나 절벽에 부딪혀 되돌아오는 거예요. 그래서 '야호'라고 외친 뒤 몇 초 지나서 메아리를 듣게 된답니다.

메아리가 생기는 조건

소리는 무조건 반사되는 것이 아니에요. 소리가 반사될 수 있는 산이나 절벽, 건물 등 큰 장애물이 있어야 해요. 이때 장애물이 너무 가까이 있어도 안 돼요. 내가 낸 소리와 되돌아오는 소리가 뒤섞여 들리지 않을 수 있어요. 또 장애물이 너무 멀리 있어도 소리가 닿지 않아 되돌아오지 못해요. 즉, 장애물이 충분히 멀리 있어야 메아리를 또렷이 들을 수 있답니다.

메아리가 잘 들리게 하려면 같은 소리를 연속해서 내지르는 게 효과가 있어요. 산에서는 야생 동물들을 놀라게 할 수 있으니까 시험해 보는 것은 참아야 해요. 주위가 가로막힌 목욕탕이나 지하실, 동굴에 가서도 메아리를 체험해 볼 수 있어요.

 ## 메아리로 거리를 잴 수 있다?

내가 있는 곳과 정면에 떨어진 산과의 거리를 메아리로 잴 수 있어요. 소리는 1초에 약 340m를 간다고 했어요. 만약 내가 '야호'라고 외친 뒤, 2초 만에 메아리 소리가 들렸다면, 건너편 산과의 거리는 340m가 돼요. 소리가 가는 데 1초, 오는 데 1초가 걸린 셈이니까요.

 ## 등산할 때 지켜야 할 에티켓

1 정해진 등산로를 벗어나지 않아요.

2 큰 소리로 떠들거나 고함을 치지 않아요.

3 야생 동물의 먹이인 도토리나 밤을 주워 가지 않아요.

문해력 더하기

1 기사의 중심 내용을 제대로 이해한 친구는 누구일까요? (   )

2 다음 중 메아리에 대해 잘못 설명한 것은 무엇일까요? (   )

① 메아리는 쭉 직진하던 소리가 장애물을 만나 부딪혀 되돌아오는 현상이다.
② 높은 곳일수록 '야호'라고 외치자마자 바로 메아리를 들을 수 있다.
③ 산이나 절벽, 건물 등 큰 장애물이 있어야 메아리가 들린다.
④ 장애물이 너무 멀리 있어도 소리가 닿지 않아 메아리가 되돌아오지 못한다.

3 뜻풀이에 맞는 낱말을 보기 에서 찾아 쓰세요.

보기	동면	탈진	가수면	멸종

(1) 기운이 다 빠져 없어짐   (   )

(2) 의식이 반쯤 깨어 있는 상태로 자는 잠   (   )

(3) 생물의 한 종류가 아주 없어짐   (   )

(4) 동물이 활동을 중단하고 땅속 등에서 겨울을 보내는 일   (   )

17. 노상 방뇨

노상 방뇨에 시달린 주민들, 통쾌하게 복수해

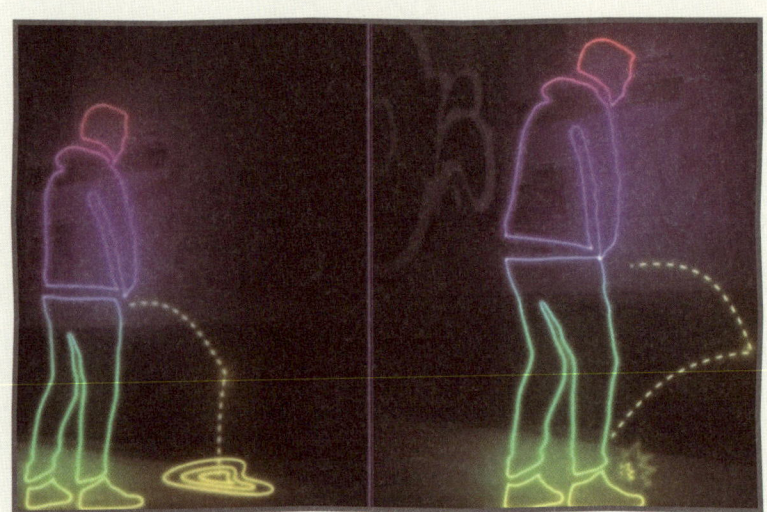

아무리 급해도 소변은 소변기에 누어야죠!

독일 함부르크의 상파울리는 유명한 클럽이 모여 있는 곳이다. 그런데 밤마다 술에 취한 손님들이 담벼락에 오줌을 누는 통에 인근 주민들은 늘 악취에 시달렸다. 주민들은 '소변 금지' 벽보를 붙이는 등 다양한 방법으로 노상 방뇨를 막아 보려 시도했지만 이렇다 할 효과를 보지 못했다.

골머리를 앓던 동네 주민들이 기발한 아이디어를 냈다. 그것은 다름 아닌 담벼락에 초소수성 페인트를 칠하는 것. 이 페인트는 물을 튕겨 내는 성질이 있어 담벼락에 오줌을 눌 경우 그대로 튕겨져 신발과 바지를 젖게 만든다. 주민들은 "여기에 오줌을 누지 마시오. 벽이 거꾸로 당신에게 오줌을 눌 겁니다."라는 경고문까지 곁들였다.

이 독특한 해결책은 전 세계적으로 관심을 끌어 다른 나라에서도 이 방법을 도입하는 곳이 늘고 있다.

한자어 알고 가요

노상 길거리나 길의 위	방뇨 오줌을 누다
路 上	放 尿
길 로　위 상	놓을 방　오줌 뇨

심층 취재   휴가철 갓길, 노상 방뇨로 몸살

매년 휴가철이면 꽉 막힌 도로에 차를 세우고 갓길에 방뇨하는 사람을 볼 수 있다. 피치 못할 경우라 하더라도 공공장소에서 오줌을 누는 행위는 악취를 발생시키고 지나가는 차들에겐 불쾌한 광경이 아닐 수 없다. 노상 방뇨는 경범죄에 해당되어 10만 원 이하의 벌금을 받을 수 있다.

- 아무리 급해도 휴게소나 졸음쉼터를 이용해야죠.
- 길거리에서 바지 내리고 쉬하는 사람 많이 봤어요.
- 길거리 노상 방뇨, 안 본 눈 삽니다.
- 우리는 차 안에 응급 소변기가 있어요.

그! 래! 서! 준비해 봤습니다

오줌은 어떻게 나오는 걸까?

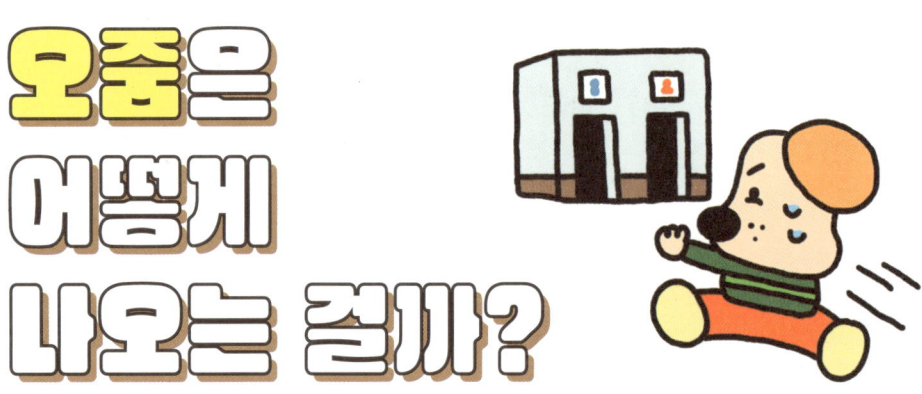

몸에 중요한 역할을 마치고 나오는 오줌

우리는 밥을 먹어야 살 수가 있어요. 우리 몸속에 들어온 음식물은 에너지로 바뀌어 우리가 말하고, 생각하고, 움직일 수 있게 해 주어요. 그런데 이 과정에서 우리 몸에 필요 없는 찌꺼기, 즉 **노폐물**들이 생겨요. 이 노폐물들이 밖으로 내보내지는 게 바로 오줌이나 땀 같은 것들이지요. 그러니 오줌은 우리 몸에서 중요한 역할을 마치고 밖으로 나가는 거예요.

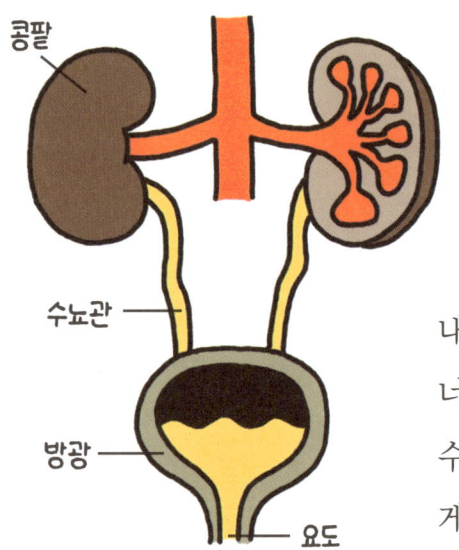

우리 몸의 등허리 양옆에는 **신장**이라는 기관이 자리해요. 꼭 강낭콩처럼 생겨서 **콩팥**이라고도 한답니다.

이 콩팥이 혈액 속의 노폐물을 걸러 내서 **수뇨관**을 통해 **방광**으로 보내는 역할을 해요. 그렇게 모인 노폐물이 너무 많아져서 더 이상 방광이 담고 있을 수 없게 되면 요도를 지나 몸 밖으로 나오게 되는데, 이게 바로 오줌이에요.

오줌 색으로 건강 상태를?

오줌의 색은 우리 몸의 상태를 보여 주는 중요한 신호예요. 오줌은 색이 없을 수도 있고 노란색을 띠기도 해요. 이는 몸속에 수분이 얼마나 있느냐에 따라 달라져요. 오줌의 성분은 96%가 물이지만 요소, 요산, 무기 염류 같은 물질이 포함되어 있어요. 이중에 요소라는 성분이 노란색이기 때문에 오줌은 보통 약간 노란색을 띠는 거예요. 오줌의 색이 평소와 다르다면 수분 섭취 상태나 건강 상태를 의심해 볼 수 있답니다.

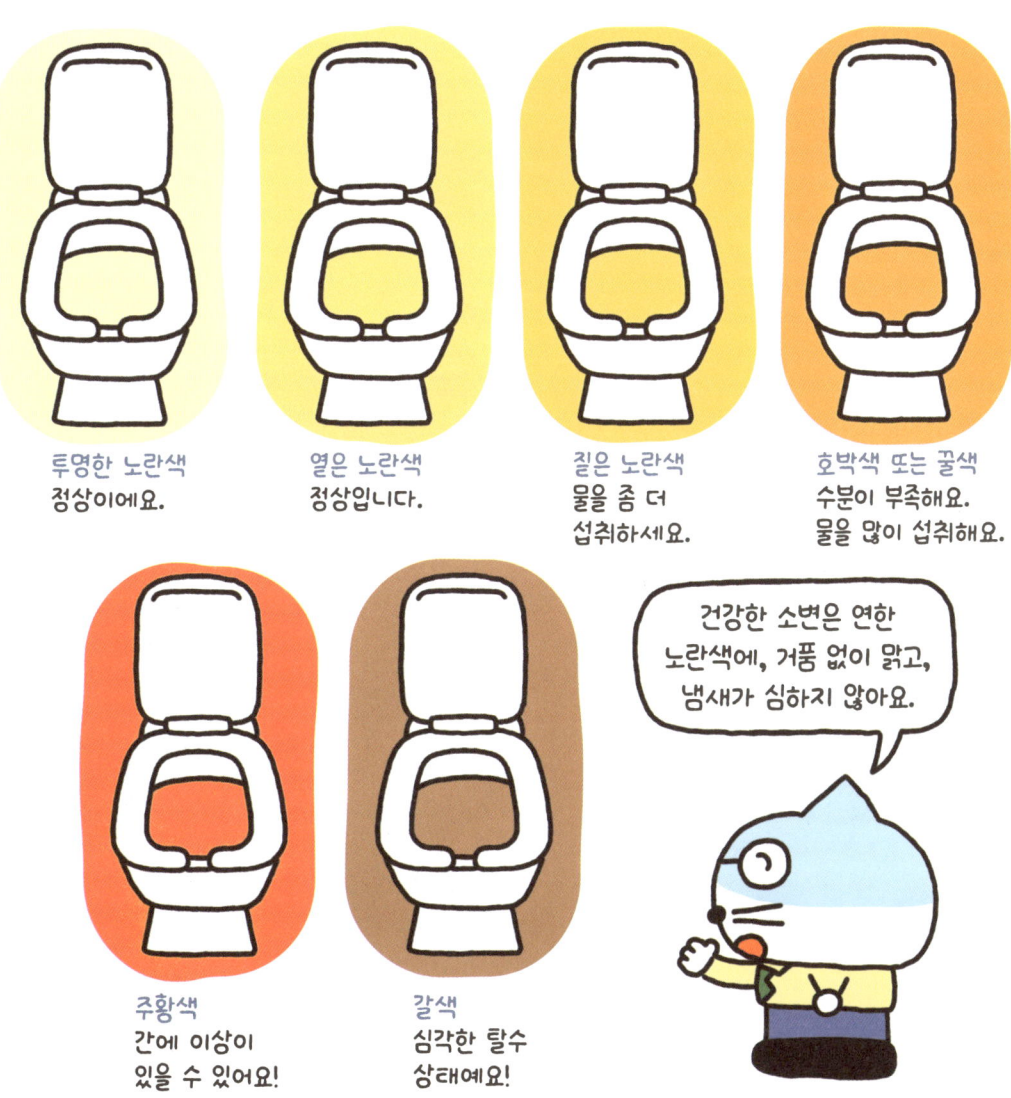

투명한 노란색 정상이에요.

옅은 노란색 정상입니다.

짙은 노란색 물을 좀 더 섭취하세요.

호박색 또는 꿀색 수분이 부족해요. 물을 많이 섭취해요.

주황색 간에 이상이 있을 수 있어요!

갈색 심각한 탈수 상태예요!

건강한 소변은 연한 노란색에, 거품 없이 맑고, 냄새가 심하지 않아요.

 ## 왜 추울 때 오줌이 더 마려울까?

우리 몸의 노폐물이 밖으로 나가는 형태는 두 가지가 있어요. 바로 '오줌'과 '땀'이에요. 날이 더우면 땀의 형태로 밖으로 많이 배출하지만 추운 겨울이 되면 땀이 덜 나기 때문에 몸속 수분을 주로 오줌으로 배출해요. 그래서 겨울철에 더 화장실을 자주 가게 된답니다.

 ## 실수하지 않기 위한 오줌 참기 에티켓

1 화장실을 찾을 때까지 오줌과 상관없는 다른 생각을 해요.

2 앉아서 다리를 꼬면 요도를 조여 주는 효과가 있어요.

3 가급적 웃음을 참아요. 크게 웃으면 방광이 압력을 받아 실수할 수도 있어요.

문해력 더하기

1 다음은 어떤 낱말에 대한 설명일까요? (   )

물과 극히 친하지 않은 성질. 접촉면에 닿으면 물방울을 밀어 내어 마치 작은 구슬처럼 표면 위를 굴러다니거나 쉽게 튕겨져 나간다.

❶ 가연성   ❷ 초소수성   ❸ 친수성   ❹ 가소성

2 기사의 내용을 순서 없이 나열한 거예요. 시간 순서에 맞게 정리해 보세요.

❶ 주민들이 아이디어를 내 초소수성 페인트를 벽에 칠했다.
❷ 주민들이 노상 방뇨하는 사람들 때문에 골머리를 앓았다.
❸ 담벼락에 오줌을 누면 튕겨져 나와 신발과 바지를 젖게 만들었다.
❹ 담벼락에 소변 금지 벽보를 붙였지만 효과가 없었다.

(   ) ➡ (   ) ➡ (   ) ➡ (   )

3 아래 글의 초성에 해당하는 낱말을 순서대로 써넣으세요.

우리 몸의 등허리 양옆에는 신장이라는 기관이 자리한다. 꼭 강낭콩처럼 생겨서 **ㅋㅍ**이라고도 한다. 신장이 혈액 속의 노폐물을 걸러 내서 수뇨관을 통해 **ㅂㄱ**으로 보내는 역할을 한다.

(,   )

18. 지하철 음식물 섭취

지하철 음식물 섭취 이 냄새를 어쩌나?

일을 마치고 퇴근하던 직장인 K씨는 지하철에 타자마자 눈살을 찌푸렸다. 객차 안에 음식물 냄새가 진동했기 때문이다. 주위를 살펴보니 햄버거와 옥수수를 나눠 먹는 사람들이 있었다. K씨는 "아무리 배가 고파도 공공장소에서는 최소한의 에티켓을 지키면 좋겠다."라고 밝혔다.

밀폐된 지하철 안에 냄새가 퍼지면 주변 승객들은 괴로울 수밖에 없다. 서울교통공사에 따르면, 지하철 안에서 음식물 때문에 불편함을 호소하는 민원은 하루 평균 100여 건에 달한다. 도시락, 컵라면, 소시지, 피자, 치킨, 햄버거, 커피 등 섭취하는 음식물도 다양했다.

시내버스는 특정 음식물 반입이 제한되어 있다. 흔들림이 적은 지하철이라 하더라도 냄새를 유발하는 음식물 반입은 규제해야 한다는 목소리가 커지고 있다.

여객 운송 약관 지하철 내 음식물 반입 및 취식에 대한 금지 규정은 따로 없지만 여객 운송 약관에 따르면, 다른 승객에게 불쾌감이나 위험 등의 피해를 줄 우려가 있는 경우, 운송을 거절하거나 역 밖으로 나가게 할 수 있다.

그! 래! 서! 준비해 봤습니다

냄새는 어떻게 맡을 수 있을까?

후각 정보는 매우 빠르게 전달돼

컵라면에 뜨거운 물을 부어 볼까요? 조금 있으면 냄새가 슬슬 올라오기 시작해요. **냄새 입자**들이 공기 중에 퍼지기 시작하는 거예요. 이 냄새 입자들은 두 개의 콧구멍을 통해 우리 콧속으로도 들어와요.

콧속은 끈끈한 점막으로 덮여 있고, 점막은 **후각 세포**들을 덮고 있어요. 냄새 입자들이 점막에 닿으면 녹아 들어가 후각 세포를 자극시켜요. 냄새를 느끼는 후각 세포는 길쭉한 모양으로 끝에 감각털을 가지고 있는데, 이 감각털로 냄새 입자를 받아들여요. 그러면 **후각 신경**을 통해 뇌로 냄새 정보가 전달되지요. '아, 내가 좋아하는 매운 라면 냄새!'라고 말이지요.

냄새를 맡는 과정이 매우 복잡해 보이지만 실제로는 다른 감각에 비해 매우 빠르게 진행된답니다.

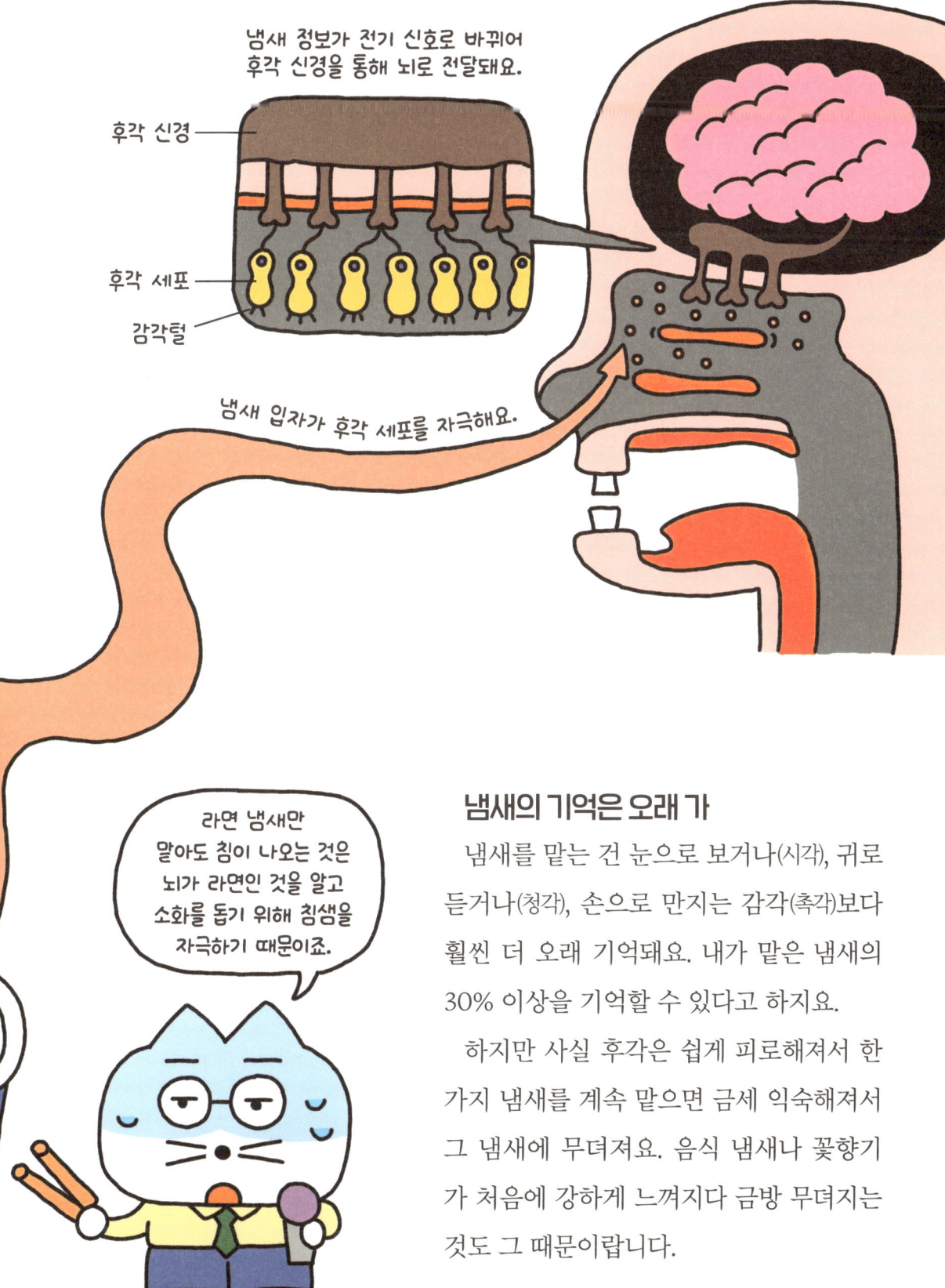

냄새 정보가 전기 신호로 바뀌어 후각 신경을 통해 뇌로 전달돼요.

- 후각 신경
- 후각 세포
- 감각털

냄새 입자가 후각 세포를 자극해요.

라면 냄새만 맡아도 침이 나오는 것은 뇌가 라면인 것을 알고 소화를 돕기 위해 침샘을 자극하기 때문이죠.

냄새의 기억은 오래 가

냄새를 맡는 건 눈으로 보거나(시각), 귀로 듣거나(청각), 손으로 만지는 감각(촉각)보다 훨씬 더 오래 기억돼요. 내가 맡은 냄새의 30% 이상을 기억할 수 있다고 하지요.

하지만 사실 후각은 쉽게 피로해져서 한 가지 냄새를 계속 맡으면 금세 익숙해져서 그 냄새에 무뎌져요. 음식 냄새나 꽃향기가 처음에 강하게 느껴지다 금방 무뎌지는 것도 그 때문이랍니다.

 ## 개는 진짜 냄새를 잘 맡을까?

사람에게는 약 500만 개의 후각 세포가 있고, 개는 2억 개 이상을 가지고 있어요. 수영장 20개를 붙여 두고 물을 채운 뒤, 향수 한 방울을 떨어뜨려도 개는 그 냄새를 맡을 수 있을 정도랍니다. 개의 이런 능력은 폭발물이나 실종된 사람을 찾는 데 활용되고 있어요. 냄새를 잘 맡는 사람을 '개코'라고 하는 건 맞는 말 같죠?

 ## 지하철 안에서 지켜야 할 에티켓

1 일회용 컵에 든 음료를 갖고 타지 않아요.

2 일행과 큰 소리로 떠들지 않아요.

3 다리를 꼬거나 쩍 벌리고 앉지 않아요.

4 냄새 나는 음식을 먹지 않아요.

1️⃣ 기사의 내용에 맞는 이야기를 하는 사람은 누구일까요? (   )

2️⃣ 뜻풀이에 맞는 낱말을 보기 에서 찾아 쓰세요.

| 보기 | 객차 | 밀폐 | 규제 | 반입 |

(1) 승객을 태우는 찻간 (   )　(2) 샐 틈 없이 꼭 막힘 (   )

(3) 규칙으로 정함 (   )　(4) 운반하여 들여옴 (   )

3️⃣ 냄새를 맡게 되는 과정을 순서에 맞게 정리해 보세요.

❶ 냄새 입자가 콧구멍을 통해 콧속으로 들어온다.
❷ 냄새 입자들이 점막에 닿아 후각 세포를 자극시킨다.
❸ 뇌가 냄새 정보를 인지한다.
❹ 후각 신경을 통해서 뇌로 냄새 정보가 전달된다.

(   ) ➡ (   ) ➡ (   ) ➡ (   )

19. 자전거 안전운전

쌩쌩 자전거에
보행자는 화들짝

한강 공원에는 자전거 이용자와 보행자 모두에게 각광받고 있는 자전거 도로가 놓여 있다. 하지만 자전거 이용자가 급속히 늘면서 안전사고가 빈번히 발생하고 있다. 자전거끼리 부딪치거나 저전거와 사람이 추돌한 사고는 대부분 과속에 의해서다.

최근에는 무리 지어 주행하는 자전거 크루들이 보행자의 안전을 위협하고 있다. 이들은 대열을 유지한 채 빠른 속도로 달려 보행자와 일반 자전거 이용자들에게 불편을 끼친다. 서울시는 한강 공원 자전거 도로에서 시속 20km 이하로 주행할 것을 권고하지만, 일부 라이더들은 이를 지키지 않는 것으로 나타났다.

서울시는 자전거와 보행자 간 사고를 방지하기 위해 보행자 보호 구간을 마련하거나 자전거 도로와 보행로를 분리해 폭을 넓히는 등 개선에 발벗고 나서고 있다.

영단어 알고 가요

크루 특정한 목적을 위해 함께 활동하는 동료 그룹을 뜻한다.
crew

라이더 자전거나 오토바이를 타는 사람
rider

그! 래! 서! 준비해 봤습니다

자전거는 어떻게 굴러가는 걸까?

자전거는 축바퀴의 원리로 움직여

자전거를 자세히 보면 어떤 도형이 보이나요? 두 개의 삼각형이 보일 거예요. 자전거의 몸체는 두 개의 삼각형이 이어진 **다이아몬드 구조**지요. 이렇게 프레임을 만들면 충격을 고루 분산해 주고, 가벼운 데다 튼튼해서 안전하게 탈 수 있어요. 여러 실험과 변형이 있었지만 다이아몬드 구조는 100년 넘게 바뀌지 않고 있어요.

자전거를 달리게 하는 가장 중요한 장치는 **축바퀴**예요. '기어'라고 하는 축바퀴는 하나의 축에 두 개의 톱니바퀴가 연결되어 있는 장치를 말해요.

페달을 밟으면 체인과 앞바퀴의 큰 톱니바퀴가 돌면서 뒷바퀴의 작은 톱니바퀴까지 함께 회전해요. 한 번의 힘으로 두 개의 바퀴를 동시에 놀리는 원리랍니다.

안전한 자전거 타기

페달을 빨리 밟을수록 뒷바퀴는 더 많이 회전하게 되어 자전거 속도는 더욱 빨라져요. 내리막길에서 급하게 앞바퀴 브레이크를 잡으면 관성의 법칙에 의해 몸이 앞으로 확 고꾸라지게 되겠죠? 그럴 때는 뒷바퀴 브레이크로 천천히 속도를 줄이는 게 안전해요. 보통 핸들의 왼쪽은 앞바퀴, 오른쪽은 뒷바퀴 브레이크예요.

 ## 나무로 된 자전거를 탔었다고?

자전거의 기원은 1790년경에 프랑스의 귀족 시브락이 사람들에게 선보인 목마라고 해요. 바퀴 두 개랑 앉는 자리만 있어서 두 발로 땅을 박차고 다녔지요. 이 기계는 사람들의 눈길을 끌었고, '빨리 달리는 기계'라는 뜻의 '셀레리페르'라고 불렸어요. 이후 핸들, 페달 등이 발명되면서 지금의 자전거가 되었답니다.

 ## 함께 만들어 가는 자전거 에티켓

1 급하게 멈추거나 방향을 틀지 않아요.

2 두 자전거가 나란히 달리지 않아요.

3 앞 자전거에 바짝 붙어 달리지 않아요.

4 천천히 갈 때는 뒤따라오는 자전거가 추월할 수 있게 오른쪽으로 비켜 줘요.

문해력 더하기

1 다음 중 자전거 사고의 주요 원인이 아닌 것은 무엇일까요? (   )

① 앞에 있는 자전거를 추월하려고 과속하다 사고가 일어난다.

② 바닥을 높인 횡단보도 때문에 보행자와 부딪친다.

③ 자전거를 타면서 휴대폰을 보는 등 안전 의무를 소홀히 했다.

④ 전방 주시를 하지 않아 방지턱이나 장애물과 부딪친다.

2 뜻풀이에 맞는 낱말을 보기 에서 찾아 쓰세요.

| 보기 | 추돌 | 대열 | 과속 | 개선 |

(1) 잘못된 것이나 부족한 것을 고쳐 더 좋게 만듦   (   )
(2) 줄을 지어 늘어선 행렬   (   )
(3) 주행 속도를 너무 빠르게 함   (   )
(4) 자동차 따위가 뒤에서 앞의 차를 들이받음   (   )

3 괄호 안에 들어갈 낱말은 무엇일까요?

내리막길에서 급하게 브레이크를 잡으면 관성의 법칙에 의해 몸이 앞으로 확 고꾸라지게 되므로, (   ) 브레이크로 천천히 속도를 줄이는 게 안전하다.

(   )

20. 재활용 분리배출

재활용의 현장 자원순환센터에 가다

페트병은 쓰레기가 아니라 자원이에요.

경기도의 한 자원순환센터. 트럭 한 대가 분리배출된 재활용품을 가득 실어 오자 플라스틱, 종이, 유리, 캔 등이 분류기를 통해 종류별로 나누어진다.

일부 폐기물은 이곳에서 리사이클 과정을 거쳐 새로운 원료로 가공되기도 한다. 폐플라스틱은 작은 조각으로 분쇄되어 플라스틱 원료로, 폐종이 역시 새로운 종이로 재탄생한다.

센터 내 홍보관에는 폐타이어로 만든 가방, 폐목재로 제작된 가구, 버려진 현수막으로 만든 에코백 등 업사이클 제품이 전시되어 있다. 센터 관계자는 "깨끗하게 분리배출한 것일수록 재활용률이 높아 가치 있게 활용된다."고 설명했다.

환경을 지키기 위해서는 올바른 분리배출, 재활용 제품 사용, 업사이클 제품 구매 등 시민들의 작은 실천이 필수적이다.

용어 알고 가요

리사이클 폐품을 재처리하여 다시 사용하는 것
recycle

업사이클 폐품을 재가공하여 새로운 제품으로 탄생시키는 것
upcycle

도심 속 다이아몬드를 아시나요?

**여러분 가까이 있는 다이아몬드,
바로 투명 페트병입니다!**

오늘도 음료수를 마셨나요?
지금 바로 라벨을 떼고 깨끗이 씻어서
분리배출하세요! 자원으로 재활용되어
지구 환경에 도움이 됩니다!

플라스틱은 왜 썩지 않을까?

가볍고, 튼튼하고, 편리한 플라스틱

플라스틱은 지금은 너무 흔한 소재지만 19세기 후반까지는 존재하지 않았어요. 1869년, 미국의 존 하이엇이 코끼리 상아를 대신할 당구공의 재료를 찾다가 만들어진 게 플라스틱의 시작이에요. 장뇌라는 물질로 질산 섬유소를 녹여 최초의 합성 플라스틱 **셀룰로이드**가 태어났지요.

이후 열에 강한 **베이클라이트**가 세상에 등장하면서 플라스틱은 전화기, 라디오, 자동차 부품 등을 만드는 데 획기적으로 쓰였어요. 가볍고 튼튼한 데다 모양 만들기도 쉬워서 안 쓰이는 데가 없을 정도로 곳곳에 스며들었답니다.

우리는 플라스틱 덕분에 무척 편리한 생활을 하고 있어요. 비닐 봉지, 물병, 옷, 양말, 주사기, 우주복 등 플라스틱이 없으면 살 수 없는 지경에 이르렀어요. 문제는 플라스틱이 우리의 환경을 가득 채우고 있다는 거예요.

전 세계에서 매년 4억 톤 이상의 플라스틱이 생산되고 있어요. 정말 어머어마한 양이죠? 그런데 그 많은 버려진 플라스틱은 모두 어디로 가는 걸까요?

잘 썩지 않는 플라스틱

플라스틱은 화학적으로 매우 안정적인 구조를 갖고 있기 때문에 잘 썩지 않아요. 그래서 자연적으로 분해되려면 500년 이상 걸린다고 알려져 있어요. 우리가 버린 플라스틱 중에서 9%는 재활용되었고, 12%는 불에 태워졌지만 80%에 가까운 플라스틱은 지구 어딘가에 지금도 돌아다니고 있을 거예요.

우리가 할 수 있는 일은 가능한 플라스틱 사용을 줄이고, 분리배출할 때 깨끗하게 씻어서 내놓는 거예요. 특히 투명 페트병의 경우는 식품 용기로 다시 재활용될 수 있어서 올바른 분리배출은 무척 중요하답니다.

 ## 신발 한 켤레가 분해되는 데 천 년?

우리는 유행을 좇아 옷이나 신발, 가방을 사고 유행이 지나거나 작아진 건 아무 거리낌 없이 버리기도 해요. 그런데 그거 아세요? 우리가 버린 신발 한 켤레가 매립지에서 완전히 분해되는 데 최소 40년에서 길면 1000년의 시간이 필요하답니다. 게다가 신발 소재의 특성상 분해되면서 독소까지 배출된다고 합니다.

 ## 올바른 플라스틱 분리배출 에티켓

1. 페트병과 일반 플라스틱은 따로 배출해요.
2. 페트병의 라벨은 벗겨서 배출해요.
3. 공기를 빼 부피를 줄이고 뚜껑을 닫아 배출해요.
4. 이물질이 묻어 있으면 깨끗이 씻어요.

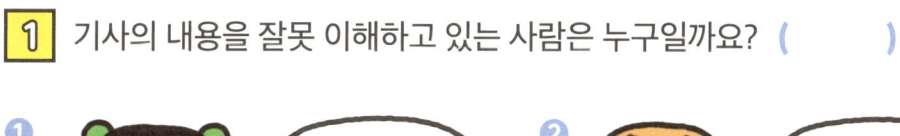

1 기사의 내용을 잘못 이해하고 있는 사람은 누구일까요? (   )

❶ 분리배출을 잘하면 재활용률이 높아져.
❷ 분리배출을 하면 재활용 센터 운영이 힘들어져.
❸ 페트병에 붙은 라벨을 잘 벗겨 배출해야 해.
❹ 종이를 잘 모아 버리면 재활용이 가능해.

2 아래 낱말의 풀이에 맞는 카드를 찾아 선으로 연결해 보세요.

❶ 분리 ❷ 배출 ❸ 원료 ❹ 분쇄

㉠ 어떤 물건을 만드는 데 쓰이는 재료
㉡ 단단한 물체를 잘게 부숴뜨림
㉢ 안에서 밖으로 밀어 내보냄
㉣ 서로 나뉘어 떨어짐

3 미국의 존 하이엇이 만든 최초의 플라스틱 이름은 무엇일까요?

(   )

문해력 더하기 정답

13쪽
1. ③
2. ①-ⓒ, ②-㉠, ③-ⓛ, ④-㉣
3. 질량, 높이

19쪽
1. ②
2. (1)권장 (2)전파 (3)감염 (4)질환
3. ②

25쪽
1. 펫티켓
2. (1)반려 (2)방치 (3)경고장 (4)배설물
3. ④

31쪽
1. 소독제, 땀
2. ①-ⓒ, ②-㉣, ③-㉠, ④-ⓛ
3. 에크린 땀샘, 아포크린 땀샘

37쪽
1. ①
2. ①-④-②-③
3. 데시벨(dB)

43쪽
1. X, O, O
2. (1)배려 (2)주목 (3)훈훈하다 (4)누리꾼
3. ②

49쪽
1. ②
2. 미생물, 두드러기
3. 황색포도상구균, 보툴리누스균, 로타바이러스, 병원성 대장균(O-157), 노로바이러스, 살모넬라균, 장염 비브리오균, 리스테리아균, 웰치균

55쪽
1. ④
2. (1)①, (2)②
3. 마찰력

61쪽
1. ③
2. ②, ④
3. ①-ⓛ, ②-㉠, ③-ⓒ, ④-㉣

67쪽
1. ②
2. 먀야, 치클
3. ③

73쪽
1. ③
2. 0, 1, 2, 3
3. ③-②-①-④

79쪽
1. ①
2. ③
3. (1)조롱 (2)혐오 (3)비방 (4)익명

85쪽
1. ②
2. 녹조, 산소
3. ①-ⓒ, ②-㉣, ③-㉠, ④-ⓛ

91쪽
1. ②
2. (1)배상 (2)화기 (3)차별 (4)업주
3. ④

97쪽
1. 차례, 배려
2. (1)◯ (2)◯ (3)◯ (4)X
3. 제정, 여유

103쪽
1. ①
2. ②
3. (1)탈진 (2)가수면 (3)멸종 (4)동면

109쪽
1. ②
2. ②-④-①-③
3. 콩팥, 방광

115쪽
1. ①
2. (1)객차 (2)밀폐 (3)규제 (4)반입
3. ①-②-④-③

121쪽
1. ②
2. (1)개선 (2)대열 (3)과속 (4)추돌
3. 뒷바퀴

127쪽
1. ②
2. ①-㉣, ②-ⓒ, ③-㉠, ④-ⓛ
3. 셀룰로이드